프로메테우스 인간의 영혼을 훔치다

프로메테우스 인간의 영혼을 훔치다

ⓒ 2006, 김덕영

초판인쇄	2006. 3. 31.
초판발행	2006. 4. 5.
지은이	김덕영
편 집	홍석봉 · 정지희 · 안명희 · 박승범
마 케 팅	이태준
펴 낸 이	강준우
관 리	김수연
디 자 인	김정현 · 이은혜
펴 낸 곳	인물과사상사
등 록	1998. 3. 11(가제17-204호)
주 소	서울시 강동구 성내동 533-1 영우빌딩 3층
전 화	02) 471 - 4439
팩 스	02) 474 - 1413
우 편	134 - 600 서울 강동우체국 사서함 164호
E - mail	insa@inmul.co.kr
홈페이지	http://www.inmul.co.kr

값 8,000원

ISBN 89 - 5906 - 029 - 1 04300
　　　89 - 5906 - 013 - 5 (세트)

파손된 책은 교환하여 드립니다.

인사 갈마들 총서 ②

프로메테우스
인간의 영혼을 훔치다

김덕영 지음

인물과
사상사

■ 머리말

　종교와 기술의 관계를 따지는 건 뜬금없는 짓일지도 모른다. 둘 사이에 아무런 관계가 없어 보이기 때문이다. 아니 종교와 기술은 서로 영원히 갈등하고 경쟁하며 투쟁하는 것 같기도 하거니와 이제 종교는 기술의 걸림돌이면 걸림돌이지 결코 디딤돌은 아닌 듯이 보이기 때문이다.
　그러나 과거로 눈길을 돌리면 지금과는 풍경이 전개된다. 기술은 역사적으로 종교와 밀접한 관계를 유지하면서 발전해 왔다. 문화와 시대에 따라서 종교는 기술의 걸림돌이 되기도 했고 디딤돌이 되기도 했다. 애증의 역사이었다고나 할까?
　사실 오늘날에도 종교와 기술의 관계는 완전히 단절된 게 아니다. 이 두 가지 삶의 범주가 벌이는 영원한 갈등과 경쟁 그리고 투쟁의 모습은 시대나 상황에 따라 달라질 뿐이다. 종교와 기술이 존속하는 한 (기술과 종교는 인간의 역사가 계속되는 한 설령 그 형식과 내용이 달라진다고 할지라도 영원히 존재할 것이다) 둘은 어떤 방식으로든 지속적으로 관계를 유지할 것이다. 우호적이든 또는 적대적이든 말이다.

기술은 특정한 시대나 사회에서 살아가는 인간의 삶을 규정하고, 인간과 세계를 매개하는 실존의 양식이요 세계관의 양식이다. 마치 종교와 예술 그리고 과학이 그렇듯이 말이다. 기술은 특정한 시대나 사회의 문화를 구성하는 요소이면서 그 자체가 문화이다.

기술은 모든 사회적 관계에서 격리되고 고립된 범주가 아니다. 기술은 다양한 사회적 차원, 예컨대 정치·경제·법률·군사·종교·철학·과학 및 사회집단 등과 긴밀하게 연관되어 있으며 서로 영향을 주고받는다. 기술은 사회의 구조와 변동에 의해 영향을 받는 한편, 사회의 존속과 변혁에 영향을 미친다. 기술이란 한 시대와 사회에서 살아가는 인간들의 정신과 삶 그리고 행위의 표현이다.

바로 여기서 종교와 기술의 관계를 따질 수 있는 논리적 근거가 성립한다.

이 책은 기술에 대한 사회학적 접근을 시도한다. 구체적으로 말해,

다양한 사회적 차원들 가운데 종교가 기술에 대해 지니는 문화적 의미를 역사적으로 추적하는 것이 이 책의 목표이다. 따라서 이 책은 기술에 대한 종교사회학이 되면서 기술의 문화사가 되는 셈이다.

2006년 2월
김 덕 영

교양으로 읽는 기술과 종교의 문화사

프로메테우스
인간의 영혼을 훔치다

머리말 · 4

제1장 기술, 인간의 세계를 열다 · 10

제2장 원시사회
　　　주술은 기술의 중요한 구성요소이다 · 36

제3장 고대 그리스와 로마
　　　기술의 신은 못생긴 절름발이다 · 56

제4장 중세시대
　　　기도하고 노동하라 · 72

제5장 르네상스
　　　아담아, 네가 원하는 모습을 만들지어다 · 88

제6장 프로테스탄티즘
　　　직업과 노동을 통해 신의 영광을 드높여라 · 110

차 례

제7장 **산업혁명**
　　청교도 부르주아들에 의한 '아래로부터의 혁명' · 132

제8장 **미국의 기술발전**
　　청교도적 개척정신과 실용주의의 산물 · 146

제9장 **과학혁명 1**
　　신앙과 과학의 조화를 꾀하라 · 164

제10장 **과학혁명 2**
　　종교는 과학혁명의 걸림돌이 아니라 디딤돌이었다 · 164

제11장 **계몽주의**
　　이성과 일치하는 종교를 위하여 · 178

제12장 **종교가 된 기술**
　　가치 다신주의 시대의 종교와 기술 · 188

제1장

❧

기술, 인간의 세계를 열다

제1장
기술, 인간의 세계를 열다

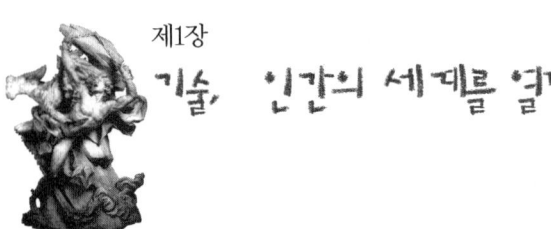

　인간은 기술 없이는 단 한순간도 살아갈 수 없다. 인간 사회에서 기술이 하는 역할은 동물 세계에서의 본능과 유사하다고 할 만큼 기술은 인간에게 필수적이다.[1] 그래서 우리는 늘 기술이라는 말을 듣고 기술에 대해서 이야기한다. 하지만, 막상 '기술이란 무엇인가?' 라는 질문을 접하면 사정은 완전히 달라진다. 기술을 정의하기가 얼마나 막막하고 어려운지 금방 깨닫기 때문이다.

　일반인들뿐만 아니라 전문가들도 매우 다양한 의미로 기술이라는 말을 사용한다. 심지어 서로 다른 의미, 서로 모순된 의미로 사용하는 경우도 있다. 기술은 숙련·노련·방법 또는 절차라는 의미로 쓰이는가 하면, 도구나 기계를 사용한다는 의미로 쓰이기도 한다. 그리고 기술을 단순히 장치·설비·기구 등과 연결시키는 경우도 있다. 심지어 자연 현상과 법칙에 대한 정확한 지식을 전제로 하는 기계의 사용과 동일시하기도 한다.[2] 그만큼 기술은 다차원적인 현상이다. 그래서 기술이 무엇인가에 대해서 이야기할 때 우리는 아주 애매모호하다는 느낌을 받게 되고, 때로는 심한 혼란에 빠지기도 한다.

기술을 한마디로 정의할 수 없다. 설령 할 수 있다고 해도 기술이 지니는 다차원성을 제대로 파악하기는 불가능하다. 하지만, 여러 범주로 나누어서 고찰한다면 기술에 훨씬 더 '가까이' 접근할 수 있을 것이다. 이 장에서는 다음의 순서에 따라 기술이 무엇인가를 알아보기로 한다.

(1) 기술의 어원적 의미
(2) 기술의 구성요소
(3) 기술의 편재성
(4) 기술과 자연
(5) 기술 · 문화 · 문화사

물론 기술에 접근하는 관점과 입장, 목적 그리고 방법 등에 따라 여러 가지 범주를 더 첨가할 수 있다.

기술(技術)을 의미하는 영어 '테크닉(technics, technique)'은 고대 그리스어 '테크네(techné)'에서 유래했다. 테크네는 '토이코(teucho)'라는 동사에서 도출된 단어인데, 이 동사는 원래 물질적인 것을 '제작(제조)하다', '생산하다' 또는 '건조(건립)하다'는 의미를 지닌 단어이다. 그러다가 플라톤(Platon, B.C. 427~347)에 이르러 '무엇을 야기하다', '무엇이 되도록 하다'라는 식으로 의미가 보편화되었다. 테크네의 의미가 목적을 추구하는 인간 행위의 전 영역으로 확대된 것이다.

그래서 테크네는 "수공업적인 행위와 능력뿐만이 아니라 고차원적인 예술과 미술까지도" 포함하는 개념이 되었다.[3]

고대 그리스어의 테크네는 이미 있는 것과는 다른 무엇을 만드는 인간의 능력을 가리킨다. 결국 테크네는 창조에 다름 아니다. 그래서 그리스인들은 테크네를 '포이에시스(poiesis)'라고 생각했다. 포이에시스란 이전에 존재하지 않던 것을 존재하도록 하는 인간의 능력이고 "밖으로 끌어내어 앞에 내놓는 것", 또는 "만드는 것이자 내놓는 것"이다. 시(詩)적인 것이 대표적으로 포이에시스에 해당한다. '시'를 가리키는 영어 단어인 '포엠(poem)'과 독일어 단어인 '포에지(poesie)'는 모두 고대 그리스어 포이에시스에서 유래했다. 결국 테크네는 "시적인 그 무엇"인 것이다.[4]

고야, 〈1808년 5월의 학살〉
흔히 예술, 미술로 번역되는 'art'는 원래 일정한 과제를 해결해 낼 수 있는 숙련된 능력 또는 활동으로서의 '기술'을 의미했던 말로서, 오늘날 미적(美的) 의미에서의 예술이라는 뜻과 함께 '수공(手工)' 또는 '효용적 기술'의 의미를 포괄한 말이었다.

또한 고대 그리스인들은 테크네가 "어떤 것을 잘 알고 있거나 이해하고 있음", 즉 엄밀하고 확증된 지식을 의미하는[5] '에피스테메(episteme)'와 떼려야 뗄 수 없는 관계에 있다고 생각했다. 무언가 새로운 것을 만들어 내놓기 위해서는 이미 존재하는 사물들에 대한 엄밀하고 확증된 지식이 필수적이기 때문이다. 그것들은 어떠한 구조와 특성을 지니고 있고, 그것들을 새로운 것으로 만들 수 있는 가능성과 방법 및 절차는 무엇이며, 새롭게 만들어지는 것의 사용법은 무엇인가에 대한 지식이 필수적이라는 뜻이다.

고대 그리스어의 테크네는 독일어의 'Machenkönnen'으로 번역할 수 있다. 여기서 'machen'은 영어의 'make'에, 그리고 'können'은 'can'에 해당하는 말이다. 우리말로는 각각 '무엇을 만들다'와 '할 수 있다'로 번역된다. 결국 기술은 'can-make'가 되는 셈이고, '무엇을 만들 수 있는 능력'이라는 말인 셈이다.

그런데 우리는 '무엇을 만들다'라는 말을 좁게 '무엇을 제작하다' 또는 '무엇을 생산하다'라고만 생각할 필요는 없다. 그 밖에도 '조작하다', '야기하다', '발생시키다' 또는 '변형시키다'와 같이 다양한 개념을 포함한다고 보아야 할 것이다. 심지어 무엇을 파괴하고 폐기시키는 능력도 기술의 범주에 속한다. 예컨대 수많은 건물들이 빽빽하게 들어선 대도시에서 고층건물을 안전하고 효율적으로 파괴하는 데에는 고도로 발달된 기술이 요구된다. 그래서 파괴만을 전문적으로 연구하고 개발하는 파괴공학이 있는 것이다. 그래서 환경오염 물질의 폐기 역시 고도의 기술 없이는 기대하기 어렵기 때문에 환경공학과 같은 전문분야가 존재한다.

기술이란 이미 존재하는 것을 새로운 것으로 만드는, 또는 이미 있는 것과는 다른 무엇을 만드는, 아니면 지금까지 없었던 것을 만드는 능력, 방식과 절차 그리고 이에 필요한 일체의 지식을 가리키는 말이다.

지식은 분명히 기술의 구성요소이다. 기술은 지식이 구체적으로 실행된 결과라고 볼 수 있다. 하지만, 지식이 기술 그 자체는 아니다. 이 둘 사이에는 엄연한 차이가 있다. 지식은 근본적인 것을 지향한다. 지식은 숨겨진 것을 발견하고 탐구하며 분석한 결과 얻어진다. 따라서 지식은 일차적으로 실제적인 목적을 추구하지 않는다. 지식이 추구하는 것은 사실이요 진실이자 진리이다. 이에 반해서 기술은 존재하는 것을 변형시켜서 없던 것, 새로운 무엇을 창출하고자 하며 적극적으로 자연을 지배하고자 한다. 기술은 실제적인 목적을 추구한다.

그러나 기술은 지식과 분리해서 생각할 수 없다. 지식은 기술이 추구하는 실제적인 목적에 투자된다. 지식은 기술이라고 하는 인간의 실제적 창조능력의 정신적인 측면이자 요소이다. 지식은 자연의 변형과 생산 또는 제작을 가능케 하는 이념적인 능력인 것이다. 그래서 기술을 가리켜 실제적 지식이라 부를 수 있고, 역으로 지식을 가리켜 이념적 기술이라고 부를 수 있다.[6] 여기서 말하는 지식은 근대 자연과학적 지식만을 가리키지 않는다. 원시인들의 지식도 포함된다. 그들 역시 자연에 대한 수많은 지식을 축적·소유하고 있었으며, 이를 바탕으로 삶에 필요한 기술을 발전시켰다. 아니 어느 측면에서는 현대인들보다도 훨씬 더 많은 지식을 갖고 있었다고 볼 수 있다.

기술은 창조, 발생, 변형뿐만 아니라 파괴, 제거의 의미도 함축하고 있다.

도구를 통해 지식과 기술의 관계를 좀 더 명백하게 알 수 있다. 이를테면 석기·불·바퀴·수차·풍차 또는 증기기관과 같은 도구의 제작과 사용은 자연에 대한 지식에 의해서 매개된다. 인간의 지식 속에는 도구를 제작하고 사용할 수 있는 가능성이 있고, 반면 도구 속에는 자연에 대한 지식이 결정화, 구체화되어 있다. 그러므로 우리는 도구를 실제적 지식, 그리고 지식을 이념적 도구라고 부를 수 있다.

하지만, 고대 그리스에서의 경우처럼 기술을 인간의 능력과 행위 및 지식만으로 정의할 수는 없다. 그런 방식으로 기술을 바라보는 관점을

바람을 이용해 동력을 얻는 풍차.
도구의 제작과 사용은 자연에 대한 지식에 의해 매개된다. 도구는 실제적 지식이고 지식은 이념적 도구이다.

가리켜 이상주의적 해석 또는 인간주의적 해석이라고 하는데, 이는 명백한 오류이다.

기술에는 인간이라는 주체적 요소 이외에도 대상 또는 객체가 전제된다. 객체는 우리의 의지와는 무관하게 있는 것들, 즉 우리가 자연이라고 부르는 것이다. 여기서 자연이라 함은, 사회와 대립되는 것을 의미하는 게 아니라, 객관적으로 존재하는 것 일체를 아우르는 개념이다. 기술과 자연은 상관관계를 이루고, 기술은 상관개념이다. 독일의 철학자 에른스트 블로흐(Ernst Bloch, 1885~1977)는 기술을 "자연의 맹아 속에 잠자고 있는 창조를 해방시키고 매개하는 것"이라고 했다.[7]

독일의 철학자 마르틴 하이데거(Martin Heidegger, 1889~1976)는 기술을 "드러냄(Entbergen)"의 한 방식이라고 정의했다. 이 정의에는 자연에 숨어 있는 것을 끄집어낸다는 의미가 담겨 있다. 하이데거에 의하면, 기술이란 "스스로 자신을 밖으로 끌어내지 못하여 아직 우리 앞 여기에 있지 못한 것, 그래서 이제는 이렇게 저제는 저렇게 보이고 나타나는 것, 그러한 것을 드러내는 것이다." 배를 만들거나 집을 짓는 사람은 "미리 머릿속으로 완성된 사물의 모습을 그려보고, 거기에 입각해 배나 집의 외형을 결정하고 재료를 모으며, 또한 이에 따라서 제작방식을 결정한다." 물론 배나 집을 드러내는 기술의 마지막 단계인 제작방식에는 기술의 수단 또는 도구가 포함된다. 그러므로 기술에서 결정적인 것은 "만드는 것이나 조작하는 것 또는 수단의 사용에 있는 것이 아니라 방금 이야기한 대로 드러냄에 있는 것이다. 제작하는 것으로서가 아니라 드러내는 것으로서 기술은 자연에 숨어 있는 것을 밖으로 끌어내어 우리 앞에 내놓는 것이다."[8] 다시 자세하게 논의하겠지만, 드러냄의 한 가지 방식인 기술은 문화로 귀결된다.

기술은 결코 기술의 수단인 도구와 일치하지 않는다. 그럼에도 불구하고 도구를 가지고 기술을 정의하고자 하는 사람들이 의외로 많다. 달리 말해, 인간이 만들고 사용하는 장비나 설비 또는 기구를 기술이라고 간주하는 경우가 많다. 게다가 기술을 단순히 기계의 제작 및 사용과 동일시하기도 한다. 이는 기술을 도구적 이성(instrumentelle Vernunft; instrumental reason)과 동일시하는 것이다. 도구적 이성이란 설정된 목적과 이것을 달성하기 위한 수단 간의 관계에만, 곧 도구

에른스트 블로흐와 마르틴 하이데거.

적 관계에만 관심을 가지는 이성을 가리키는 개념이다. 기술이란 결국 도구적 이성의 실현이 되는 셈이다. 도구적 이성은 설정된 목적과 동원된 수단이 인간을 억압하고 지배하는 등, 기술이 지니는 불합리성과 비인간성에 대한 반성과 성찰에는 관심을 기울이지 않는다. 이것을 수행하는 이성을 가리켜 비판적 이성(kritische Vernunft; critical reason)이라고 한다.

기술을 도구, 또는 도구적 이성의 실현이라고 보는 입장을 가리켜 기술의 도구주의적 해석이라고 하는데, 이는 기술에 대한 이상주의적 해석이나 인간주의적 해석과 마찬가지로 명백한 오류임에 틀림없다. 왜냐하면 도구는 어디까지나 기술을 구성하는 요소 가운데 하나일 따름이지 기술 그 자체는 아니기 때문이다.

기술에 대한 도구주의적 해석은 '호모 파베르(Homo Faber)'라는 개념과 밀접한 관계가 있는 듯하다. 호모 파베르란 우리말로는 '공작인(工作人)' 또는 '도구적 인간'이라고 옮길 수 있다. 이 말 속에는 인간이란 도구를 제작하고 사용하는 존재이며, 도구의 제작자 사용을 통해서 인간은 다른 동물들과 구별된다는 의미가 함축되어 있다.[9] 도구의 제작과 사용은 자연스레 기술을 전제로 하게 된다. 이는 도구를 기술과 연결시키고, 결국에는 도구와 기술을 동일시하는 입장으로 발전하게 된다.

기술을 도구와 동일시할 수는 없지만, 도구를 빼놓고는 기술을 제대로 이해할 수 없다.[10] 방금 이야기한 바와 같이, 도구는 기술의 구성요소 가운데 하나이다. 도구는 인간의 추상적인 창조능력에 의해서 생산된 구체적인 결과물이다. 인간의 능력은 도구를 통해서 형체를 얻게 되고 대상화된다. 도구는 인간의 창조능력과 자연을 연결시킴으로써 생산을 매개할 뿐만 아니라 다른 도구를 생산하는 데 이바지하기도 한다.

도구는 우리에게 기술이 무엇인가를 생생하게 보여주고 기술의 비밀을 밝혀준다. 도구는 자연의 잠재력을 실현시키고 자연을 변형시키며 자연에 인간적인 의미를 각인시키는 방법과 절차에 대해서 이야기해 준다. 도구는 인간이 어떻게 자연과 관계하고 자연을 획득하는지를 보여주는 기호이자 상징이다. 도구에는 인간과 자연 사이에 이루어지는 의사소통이 응결되어 있고 기술의 역사가 기록되어 있다. 돌로 만든 도끼를 보면 석기시대의 기술을 알 수 있고, 쟁기를 보면 농업사회의 기술을 알 수 있으며, 기계를 보면 산업사회의 기술을 알 수 있다. 도구는 기술의 언어인 것이다. 그렇기 때문에 기술을 논할 때면 항상 기구·설비·장치 또는 기계에 대해서 이야기하는 것이다.

구석기시대에 사냥을 하거나 들짐승의 털과 가죽을 분리할 때 사용하던 주먹도끼와 산업사회를 열게 한 증기기관. 도구는 기술의 언어이다.

하지만, 눈에 보이지 않는 기술들도 많이 있다. 예컨대 다음과 같은 것들이 그러하다.

남을 설득하는 기술, 다른 사람을 가르치는 기술, 사랑의 기술, 자세를 취하고 움직이는 기술, 운동 기술, 머릿속으로 계산하는 기술, 기억하는 기술 등등.

이런 경우 기구나 기계를 사용하는 기술의 경우와는 달리 도구가 필요 없는 기술처럼 보인다. 하지만, 자세히 들여다보면 이런 기술들도 도구에 의해서 매개되고 있음을 금방 알 수 있다. 인간의 이성과 감성 그리고 몸 또는 기관 등이 도구로 사용되는 것이다.

우리는 통치기술이라는 말을 사용하기도 한다. 그렇다면, 여기에는 과연 어떠한 도구가 사용되고 있는 것일까? 무엇보다도 법률과 같은 도구를 꼽을 수 있을 것이다. 게다가 경찰이나 군대와 같은 폭력수단이 통치기술의 도구에 속한다. 이렇게 보면, 기술을 구체적인 도구를 사용하는 기술과 추상적인 도구를 사용하는 기술로 분류할 수 있다.

기술은 인간 삶의 모든 부분에 존재한다. 기술은 도처에 존재한다. 인간이 추구하는 목적과 목적 실현을 위해서 필요한 매개물, 곧 수단을 구분할 수 있는 모든 행위에 기술은 존재한다. 기술은 다른 활동과 구별되는 별도의 활동이 아니라 모든 활동이 자신의 고유한 기술을 가지고 있는 것이다. 또한 어떤 기술은 서로 다른 여러 활동에 공통적일 수도 있다.[11] 이를 가리켜서 기술의 편재성이라고 한다.

기술의 편재성과 관련해서 독일의 사회과학자 막스 베버(Max Weber, 1864~1920)는 다음과 같이 주장했다.

> "그와 같이 이해된 기술은 모든 활동 속에 있으며, 사람들은 기도의 기술, 금욕의 기술, 반성과 탐구의 기술, 기억의 기술, 교육적 기술, 정치적이고 성직자적인 지배의 기술, 전쟁의 기술, 음악적 기술(예를 들면, 음악적 대가의 기술), 조각 기술, 회화의 기술, 법률적 기술 등에 대해서 말할 수 있다. 게다가 이 모든 것은 어느 정도의 매우 변화무쌍한 합리성을 받아들인다."[12]

사랑에 대해 한번 생각해 보기로 하자.

막스 베버.

우리는 흔히 사랑을 즐거운 감정과 느낌처럼 정서적인 무엇이라고 생각한다. 그런데, 독일의 정신분석학자이자 철학자인 에리히 프롬(Erich Fromm, 1900~1980)은 사랑 역시 다른 기술, 예컨대 음악 · 그림 · 건축의 기술, 또는 의학 · 공학의 기술과 마찬가지로 기술이라고 주장한다.

프롬에 의하면, 사랑하는 기술은 다른 기술을 배우는 것과 동일한 과정을 거쳐서 배워야 한다. 그 과정은 편의상 이론의 습득과 실천의 습득으로 나눌 수 있다. "만일 내가 의학 기술을 배우고자 한다면 나는 먼저 인간의 신체와 여러 가지 질병에 대한 사실들을 알아야 한다. 내가 이러한 이론적 지식을 모두 배웠다 하더라도 나는 아직은 의학 기술에 숙달하지는 못한다. 상당한 실무를 거친 다음에야 비로소 나는 의학 기술에 숙달하게 되고, 마침내 나의 이론적 지식의 결과와 실천의 기술이 합치될 것이다. 곧 나의 직관이 모든 기술 숙달의 본질이 될 것이다."[13]

이번에는 사랑과는 거리가 먼 고문을 예로 들어보기로 하자. 사랑과 마찬가지로 고문도 기술이라는 관점에서 접근할 수 있다. 고문을 아주 잘하는 사람을 가리켜서 '고문기술자'라고 부른다. 이를테면 1980년대에 전기고문 · 물고문 · 관절뽑기 · 날개꺾기 등 일반인의 상상을 초월하는 고문을 자행했던 어느 경찰관의 이름 앞에는 의례히 '고문기술자'라는 명칭이 따라붙는다.

고문을 기술이라고 간주할 때 중요한 것은 이 기술이 추구하는 목적의 달성이다. 고문을 당하는 사람에게 극도의 고통과 공포감 그리고 무기력감과 절망감을 주어서 자백을 받아내는 것 말이다. 어떠한 수단을 사용하느냐 하는 문제는 단지 부차적인 것이다. 물론 고문을 가하는 입장에서는 목적을 달성하는 데 가장 효율적인 수단, 곧 가장 효율적인 기술을 사용하려고 노력한다. 여기서 고문의 기술이 얼마나 비인간적이냐 하는 이른바 윤리적 판단은 아무런 의미가 없다. 오히려 비인간적이면 비인간적일수록 고문의 기술적 효율성은 더 커지고, 그 결과 고문이 추구하는 목적이 달성될 가능성은 더 커질 수밖에 없다.

1905년에 어느 중국인이 몽고의 왕자 아오한우안을 암살한 죄로 '능지(凌遲)'에 처해졌다고 한다. 능지란 칼로 죄인의 살갗이나 살점을 도려내는 형벌인데, 될 수 있는 한 죄인을 살려둔 채로 며칠에 걸쳐 시행함으로써 고통을 극대화하는 것이다. 그래서 서양인 가운데에는 능지를 '백 조각으로 찢어 죽이는 형벌'이라고 부르는 사람도 있었다. 능숙한 형의 집행자는 한 사람에게서 2만 점까지 도려낼 수 있었다고 한다. 이 경우 중요한 것은 방금 예로 든 고문의 경우와 마찬가지로 형벌이 추구하는 목적의 달성이다. 그 목적은 가능한 한 죄인을 오래 살려둔 채 가능한 한 많은 살갗과 살점을 도려내서 죄인의 고통을 최대한 오래 가게 하고 커지게 하는 것이고, 형벌의 기술은 이런 목적을 실현하는 한에서만 의미를 지니게 되는 것이다.

결국 인간에게 긍정적이고 유익한 결과를 가져오는 수단만을 가리켜 기술이라고 볼 수는 없다. 인간에게 부정적이고 파괴적인 결과를 초래하는 행위에도 엄연히 기술은 존재한다. 인간이 삶을 영위하는 곳에는 어디든지 기술이 존재한다. 심지어 사람을 대량으로 죽이는 비인

2차세계대전 당시 독일군이 유대인을 대량 학살했던 아우슈비츠.

간적이고 야만적인 행위에도 엄연히 기술이 중요한 역할을 수행한다. 죽음의 대량생산 기술이라고나 할까? 무엇보다도 나치 독일에 의한 인간의 대량학살을 그 예로 들 수 있을 것이다.[14]

이미 앞에서 언급한 바와 같이, 기술은 자연을 변형시키고 가공하는 일련의 과정이자 수단이다. 그것은 일종의 창조이다. 절대적인 창조이다.

"기술이 실현하는 것은, 그것이 무엇인가 결정적인 것을 실행하는 모든 경우에 있어서, 자연적인 전형(典型)의 모방도 답습도 아니다 (설령 우연히 자연에서 그것의 막연한 상응물이 발견된다고 할지도 말이다). 그것은 오히려 자연과의 관계에서 '자의적인' 그 무엇이다. 기술은 '자연이 실현할 수 없는 것'을 만들어 낸다. 축을 끼고 회전하는 바퀴, 수차, 피아노, 문자기호, 왕복운동의 직선운동으로의 전환 그리고 그 역전환, 어망(漁網) - 이 모든 것들은 '절대적 창조'이다. 자연의 그 어느 것도 롤러, 녹로(轆轤), 기관차 또는 전자계산기와 일치하거나 유사하지 않다. 컴퓨터는 중추신경계를 '모방하는' 것이 아니라, 다른 원리들에 따라 제작된 것이다. 절대적 창조 - 모든 것이 창조이거나 아니면 아무것도 창조가 아니라고 생각하는 유치한 궤변으로부터 해방되지 않는 한, 우리는 이 표현을 이해할 수 없다. 기술적으로 제작된 대상이나 그 형식의 정확한 물질적 상태, 이 기술적 대상이 물리적 법칙의 작용을 변환시키는 방식, 그것의 목적성, 또는 이 모든 것에는 원칙적으로 그 어떠한 자연적인 선행자도 존재하지 않는다. 기술적 대상의 제작은 단순히 기존의 자연상태를 변형시키는 것은 아니다. 이것은 이미 하나의 손동작과 더불어 일어난다. 기술적 대상의 제작은 그보다 보편적인 유형의 구성을 의미하며, 장차 그 구체적인 경험적 사례들로부터 독립해서 '존재하는' 아이도스(플라톤이 말하는 이데아 또는 형상)의 정립을 의미한다. 이런 형상은 다시금 위계질서 또는 관계망에 편입된다. 그리하여 (우리는) 도끼를 가리켜 하나의 '본질' 또는 하나의 이상형이라고 힘주어 말할 수 있다. 비록 현실에서는 수많은 형태와 모습을 만날 수 있음에도 불구하고 말이다. 또는 프로펠러를 '비인격적이고 비현실적인' 본질 또는 이상형이라고 간주할 수 있다. 하지만, 이것은 일급의 실제적인 것이며 동시에 사실에 지향되어 있다."[15]

여기서 비인격적이고 비현실적이라 함은, 기술이란 그것을 창조한 주체의 인격으로부터도 객관적, 자연적 현실로부터도 독립해 있는 자율적 존재라는 의미이다.[16] 하지만, 기술은 언제나 인간의 실제적 삶과 목적에 밀접하게 결합되어 있다.

이러한 특성을 지니는 기술은 필연적으로 인간과 자연이 멀어지게 만든다. 기술이란 인간에게 객관적으로 주어진 "자연적 환경에 직접적으로 마주치는 것을 피하게 해줄 일종의 고치 또는 막(膜)"이다. 기술이라는 고치 또는 막은 인간을 자연환경으로부터 보호해 주는 일종의 벽이다. 결국 인간은 동물과 달리 이중의 세계에 살고 있다. 자연적 생태환경으로 구성된 "생명계(bio-sphere)"가 그 하나요, 인위적인 생산물로 구성된 "기술계(techno-sphere)"가 다른 하나이다. 인간이 존재하기 위해서는 생명계와 더불어 기술계가 필수적이다. 그래서 기술계는 "준(準)생물학적 성격"을 지닌다.[17]

인간은 자연과 자기 자신 사이에 설치된 보호벽인 기술을 통해 자연으로부터 스스로 멀어진다. 인간과 자연 사이에 설치된 기술이라는 벽이 두터울수록 인간과 자연은 그만큼 더 멀어질 수밖에 없다. 기술이 덜 발달된 시대의 농촌은 많은 측면에서 자연적 환경과 직접적인 관계를 맺고 있었다. 하지만, 기술이 고도로 발달된 오늘날의 도시는 거의 자연환경과 단절되어 있다. 도시인이 일상적으로 밟고 다니는 땅은 "결코 자연적인 땅이 아니라 아스팔트 · 리놀륨 · 경화유리 또는 그 밖

아스팔트와 콘크리트의 회색 도시.
도시에서는 자연적인 것을 찾아볼 수 없다. 공원이나 숲, 도심을 흐르는 강조차도 인공적으로 가꿔진 것들이다.

의 모든 인공적 생산물"이다.[18] 심지어 가로수조차도 자연적인 환경이 아니다. 그것은 어디까지나 인공적으로 심어지고 인공적으로 가꾸어지는 대상이다. 고도의 전문적인 기술의 존재를 필요로 하는 것이다.

기술과 더불어 인간은 자연과 "다른 존재방식의 편에" 선다. 다시 말해 기술과 더불어 인간은 문화의 편으로 이행한다.[19] 인간의 문화는 기술과 더불어 시작된다고 주장해도 결코 지나친 말은 아닐 것이다.

기술은 인간의 자연 지배력을 증가시킨다. 왜냐하면 기술과 더불어 인간은 자연의 논리에 의해서 강요되는 것이 아니라, 자연에 대해 자기 자신의 논리를 강요할 수 있기 때문이다. "기술은 세상을 두 개의

제1장 기술, 인간의 세계를 열다 29

근본적인 영역으로 분할한다. 그중 한 영역은 인간의 능력에 절대적으로 저항하며, 다른 영역은 단지 특정한 방식으로 저항한다. 가공되지 않은 채 자연상태로 남아 있는 현실세계는 기술에 의해 두 부분으로 분화된다. 개중의 한 부분에 대해 우리는 무기력하지만, 다른 부분에 대해서는 활동이 가능하다. 기술은 창조이다. 다시 말해, 기술은 합리적인 상태를 띠고 있는 세상을 그리고 이와 더불어 비결정적인 모습을 보여주는 그것의 수많은 중간영역들을 자유롭게 이용하는 행위이다."[20] 인간의 역사는 어찌 보면 기술의 개발과 혁신을 통해서 자연에 대한 인간의 지배력을 증가시켜 온 역사이다.

지금까지 우리는 기술의 내적인 측면을 살펴보았다. 이 과정에서 기술이란 한마디나 한 문장으로 간단하게 정의할 수 없는 매우 복잡한 현상임을 알게 되었다. 이제 기술 외적인 측면을 살펴보자. 그러면 문제는 한층 더 복잡해진다.

앞서 말했듯이, 하이데거는 기술을 드러냄의 방식 가운데 하나라고 규정했다. 그런데 드러냄의 방식은 시대나 사회마다 다를 수 있는데, 이는 기술의 드러냄이 각 시대나 사회가 지니고 있는 문화적 "가능성들의 장", 곧 "짜임새"로부터 그 특정한 모습을 취하기 때문이다. 여기서 말하는 가능성 또는 짜임새란 인간이 어떠한 실존적 지향을 통해서 세계를 인식하고 세계를 평가하고 세계와 관계를 맺고 세계를 구성하며 세계를 변형시키는 특정한 방식이다. 그리고 기술 에서 말하는 세계란 "어떤 특정한 방식으로 채집되고 저장될 수 있는 에너지나 힘의 장"을 가리킨다.[21] 이는 다른 영역에서 말하는 세계와는 다르다. 종교의 영역에서는 세계를 신의 의지가 구현된 창조물로 볼 수 있다.

기술은 특정한 시대나 사회에서 세계 속의 인간 존재를 규정해 주고 인간과 세계를 매개해 주는 실존의 양식이요 세계관의 양식이다. 마치 종교와 예술, 문학 그리고 과학이 그렇듯이 말이다. 기술이란 이 모든 것들과 마찬가지로 특정한 시대나 사회의 문화를 구성하는 요소인 것이다. 결국 기술은 문화이다. 그런 의미에서 하이데거는 기술의 본질은 기술적인 것이 아니라고 주장했다.[22] 언뜻 매우 역설적으로 들리는 이 말은 기술의 본질은 문화적인 것이기 때문에 매우 설득력이 있어 보인다.

현대의 기술에서 지배적인 드러냄은 "자연에게 그 자체로 채굴되어 저장될 수 있는 에너지를 내어놓으라고 도발적으로 요구하는 것이다. 하지만, 이 같은 드러냄의 논리는 과거의 기술인 풍차에도 적용되지 않는가? 그렇지 않다. 풍차의 날개는 바람의 힘으로 돌아가며 바람에 직접 자신을 내맡긴다. 풍차는 기류(氣流)의 에너지를 저장하기 위해 개발된 것이 아니다."[23]

오늘날 우리는 "어떤 지역을 석탄과 광석을 얻기 위해 채굴하라는 도전을 받는다. 지구는 이제 한낱 채탄장으로서, 그리고 대지는 한낱 광물 저장고로서 드러난다." 그러나 예전에 농부들이 경작하던 밭은 그렇지 않았다. "그때의 경작은 키우고 돌보는 것이었다. 농부의 일이란 농토에 무엇을 내놓으라고 강요하는 것이 아니다. 그는 씨앗을 뿌려 싹이 돋아나는 것을 그 생장력에 내맡기고 그것이 잘 자라도록 보호하였다. 그러나 오늘날의 농토경작은 자연에 무엇인가를 요구하는,

이전과는 다른 종류의 경작방식 속으로 흡수되어 버렸다. 그것도 도발적으로 요구한다. 농업은 이제 기계화된 식량산업일 뿐이다. 공기는 질소를, 대지는 광석을 그리고 광석은 예컨대 우라늄을 공급하라고 강요당하고 있다. 또한 우라늄은 - 파괴를 위해서든 평화적인 이용을 위해서든 - 원자력의 공급을 강요당하고 있다."[24]

현대기술을 철저하게 지배하고 있는 드러냄의 방식은 자연에 대하여 무엇인가를 내어놓으라고 도발적으로 요구하는 것이다. 현대의 기술은 그야말로 자연을 닦아세운다. 또는 닦달한다. 구체적으로 "자연에 숨겨져 있는 에너지를 채굴하고, 캐낸 것을 변형시키고, 변형된 것을 저장하고, 저장된 것을 다시 분배하고, 분배된 것을 다시 한 번 전환해 사용한다."[25]

채굴, 변형, 저장, 분배 그리고 전환과 같은 드러냄의 방식은 인간이 자연을 바라보고 자연과 관계를 맺는 방식의 특정한 변형이다. 자연관의 특정한 변형이다. 현대인들은 자연을 인간이 사용할 잠재적인 그 무엇으로 바라본다. 그래서 자연을 적극적으로 채굴하고, 변형하고, 저장하고, 분배하며 전환시키면서 자연과 관계를 맺는다. 이것은 자연을 해석하고 자연에 대한 태도를 결정하는 문화적 가능성의 특정한 변형이자 문화의 특정한 변형이다. 이러한 자연관의 변형 또는 문화의 변형은 "예를 들자면 대지를 어머니로 간주하고 그것에 대하여 쟁기질조차 하지 않으려는", 그러한 자연관의 변형 또는 문화의 변형과 대조를 이룬다. 기술은 세계를 보는 문화의 변형이요, 자연을 보는 방식의 역사적 변형이 되는 셈이다.[26] 바로 이 같은 이유로 하이데거는 기술의 본질이 기술적인 것에 있지 않다고 주장했던 것이다. 기술의 본질은 문화에 있다. 기술적인 것은 단지 문화로서의 기술을 구성하는 한 가지 요소에 지나지 않는다.

이렇게 볼 때 기술의 역사는 단순히 기술적인 것의 역사가 아니라 문화사가 된다. 기술의 역사를 서술한다는 것은 단순하게 기술적 수단과 도구 그리고 기술적 생산물이 역사적으로 어떻게 변해왔는가를 추적하는 것이 아니라, 인간이 기술을 통해 사고하고, 행위하고 삶을 살아가는 방식이 역사적 어떻게 변해왔는가를 폭넓게 추적하는 것이다.

기술이란, 문화사적인 관점에서 보자면, 어느 한 사회가 자연에서 추구하는 의도를 비추어 주는 거울이다. 기술에는 자연에 대하여 어느 한 사회가 지니는 전체적인 지향이 표현되어 있다. 기술은 "개별적 창조가 아니라, 인간의 사회적 삶의 모든 형식들에 나타나는 전체적인 창조과정의 본질적인 차원이다. 이는 무엇보다도 기술이 언어와 마찬가지로 인간세계를 구성하는 요소이기 때문이다. 이런 창조적 과정의 차원은 모든 사회로 하여금 그 사회에서는 무엇이 현실적이고 합리적으로 간주되어야 하는가를 확정하도록 해준다. 우리는 그 가운데 어느 한 사회가 실제로 스스로에게 설정한 특정한 테두리를 이해한다." 바로 이러한 이유로 기술을 가리켜 (물리적 기술이든 정신적 기술이든 상관없이) "복수(復水)의 프로젝트"라고 한다.[27]

우리는 예컨대 돌도끼·쟁기·방적기·증기기관과 같이 개별적인 기술의 구조와 특성 및 기능에 대해서 논할 수 있다. 그러나 다른 한편 이들 기술은 석기시대의 기술, 중세 봉건시대의 농업기술, 수공업 기술 또는 산업혁명 시대의 기술 전반과의 연관 속에서 제대로 이해할 수 있다. 왜냐하면 어느 특정한 역사적 시기 전반을 포괄하는 인간의 창조과정을 통해, 곧 자연의 잠재성을 드러내는 창조적 과정을 통해 수많은 개별적 기술들에 공통적인 시대적 부호를 부여해 주는 특징적인 형태들이 등장하기 때문이다. 이를 가리켜 "기술적 패러다임"이라고 부른다.[28] 예컨대 돌도끼는 석기시대에 특징적인 형태를 보여준다. 돌도끼는 석기시대의 기술적 패러다임을 통해서만 제대로 이해될 수 있다. 그래서 돌도끼라는 개별기술의 역사는 석기시대의 문화사가 되는 것이다. 또한 쟁기의 역사는 봉건시대의 문화사에, 방적기술의 역사는 매뉴팩처 시대의 문화사에 그리고 증기기관의 역사는 산업혁명 시대의 문화사에 속한다. 이들 기술 역시 각각 그것이 속하는 기술적 패러다임을 통해서만 제대로 이해될 수 있다.

문화로서의 기술은 다른 문화적 영역과 밀접한 관계를 지닌다. 기술은 다양한 요소에 의해서 영향을 받을 뿐만 아니라 사회변동에 영향을 미치기도 한다. 예컨대 (뒤에서 자세하게 논의가 되겠지만) 관조적 삶, 균형과 조화 및 비례를 강조하는 고대 그리스의 철학은 기술발전을 저해했다. 이에 반해 기술 직업과 노동에 커다란 가치를 부여하는 개신교는 근대 서구기술의 발전에 결정적인 영향을 미쳤다. 그리고 화약을 사용하는 총과 대포의 등장은 말을 타고 무거운 갑옷을 입고 창과 칼로 중무장한 전통적인 기사계급의 몰락을 촉진시켰다. 이것은 중세의 지배계급이 몰락했음을 의미하는, 아니 중세 봉건제도 자체가 몰락했음을 의미하는 역사적 의미가 큰 사회변동이었다. 또한 20세기 후반에 발전한 컴퓨터와 인터넷 기술은 정보혁명을 가져왔다. 이는 인류 역사상 제1혁명인 신석기시대의 농업혁명과 제2혁명인 18세기 중반의 산업혁명에 이은 제3의 혁명이라고 불린다.

제2장

✻

원시사회
주술은 기술의 중요한 구성요소이다

제2장
원시사회
주술은 기술의 중요한 구성요소 ·

흔히 원시사회에는 기술이 없다고 생각하기 십상이다. 특히 기술을 과학적 지식을 응용하는 기계의 제작이나 사용과 동일시하는 입장에서 보면 원시사회에는 더더욱 기술이 존재할 리 없다. 당시에는 기계가 없었으니 말이다.

그러나 이미 앞장에서 언급한 기술의 편재성이라는 명제에 입각해서 보면, 원시시대에도 발달된 문명사회와 마찬가지로 기술이 존재했을 것이라고 추론할 수 있다. 사실 원시사회에도 다양한 기술이 존재했다. 기술의 역사는 인간의 역사와 더불어 시작되었다. 원시사회 역시 기술이 집적된 사회이다. 그뿐만이 아니다. 원시사회의 어떤 기술들은 오늘날의 기술보다 더 복잡하고 정교한 모습을 보여주기도 한다.

'기술 없는 사회는 없다.'

만일 원시사회를 인간이 자연과 직접 마주하면서 살아가는 문명화되지 않은 미개한 사회, 즉 자연상태의 사회라고 간주한다면, 원시사

원시인들은 돌을 던지거나 막대기에 깬 돌, 간 돌을 나무막대에 고정시킨 창을 만들어 던지면서 동물을 사냥했다.

회에는 기술이 존재하지 않는다는 말은 분명 일리가 있다. 기술은 인간과 자연 사이에 끼어들어 거리를 만들기 때문이다. 기술은 인간을 자연에서 멀어지게 만들고 인간이 자연상태를 극복하도록 해준다.

인간이 완전하게 자연과 직접 마주하면서 살아가는 사회는 있을 수 없다. 달리 말해, 완전한 자연상태란 존재하지 않는다. 만일 그런 상태가 존재한다면, 인간은 전적으로 생물학적 조건과 환경 속에서 살아가야 한다. 하지만, 아무리 원시적인 사회라 할지라도 최소한의 자연상태는 극복한 상태이다. 커다란 나뭇잎으로 아주 원시적이고 초보적인 형태의 집을 짓고, 돌멩이를 이용해 아주 조악한 사냥도구를 만들어 사용하며, 나뭇가지를 이용해서 과일을 따먹으며 살아가는 원시부족을 생각할 수 있다. 여기서도 우리는 집, 사냥도구 및 과일 채집과 같은 기술이 인간과 자연의 두 범주 사이에 끼어들고 인간과 자연 사이에 거리를 만든다는 걸 알 수 있다. 그 거리가 아무리 미미할지라도 말이다. 이는 원시사회의 사람들 역시 생명계와 기술계에서 삶을 영위한다는 것을 의미한다. 현대인이 그러하듯이 말이다.

원시사회는 자연상태에 존재하지 않는 것을 만드는 능력, 자연을 변형시키는 능력을 지니고 있다. 또한 자신을 둘러싸고 있는 자연에 대한 지식을 가지고 있다. 하이데거의 표현을 빌리면, 거기서 사람들은 나름대로의 방식으로 자연을 드러내고 있는 것이다. 그들은 스스로 드러나지 못하여 아직 그들 앞에 있지 않은 것을 드러내고 있는 것이다. 현대인들이 고도로 발달된 복잡한 기술을 이용해 나름대로의 방식으로 자연을 드러내듯이 말이다. 원시인들과 현대인들의 차이점은 드러냄의 존재여부에 있는 것이 아니라, 드러냄의 방식과 절차 그리고 다양성과 복잡성에 있는 것이다.

원시사회의 기술에 대한 이론적이고 철학적인 논의는 이쯤 해두고, 이제부터 경험적 자료를 검토할 것이다. 인류학자들의 연구를 바탕으로, 물질적 생산을 위한 경제기술과 주술이라는 정신기술(이것이 우리의 논의를 위해서는 훨씬 더 중요하다)에 대해서 살펴보자.

프랑스의 인류학자 클로드 레비-스트로스(Claude Lévi-Strauss, 1908~1991)가 쓴 『슬픈 열대』에는 브라질의 내륙지방에 살고 있던 '남비콰라족'에 관한 부분이 나온다.[1] 이 부족은 "이 세상에서 우리가 만날 수 있는 사람들 가운데 가장 미개한 인간에 속한다." 레비-스트로스는 "가장 단순한 표현으로 환원되어 있는 사회"를 찾아다녔다. 그런데 다름 아닌 남비콰라족의 사회가 "오직 인간만을 발견할 수 있었을 정도로 단순화된 상태에 있었다." 아무튼 남비콰라족은 가장 초기단계의 인간 사회라고 볼 수 있을 것이다. 이 부족은 "원초(原初)시대의 거의 감지할 수 없는 진보"만을 달성했을 뿐이다.[2]

클로드 레비-스트로스.

레비-스트로스에 의하면, 남비콰라족은 자연상태, 거의 동물과 같은 수준에서 생물학적 생존 본능과 능력에 의해서 살아가는 인간집단이었다.

> "인간 활동의 결과라기보다는 확대경을 통해서 본 개미족의 활동의 산물 같은 것이 널린 것을 보고는 실망을 하게 된다. 실제로 남비콰라족이 높다랗게 자란 풀을 헤치며 일렬로 걸어가는 모습은 개미들의 종대를 연상시키기도 한다. 여자들이 각기 성글게 짠 채롱을 하나씩 메고 숲으로 걸어가는 모습이 마치 개미들이 때때로 알을 옮기

는 모습 같기도 한 때문이다. … '해먹'(달아매는 그물침대)을 발명해낸 열대 아메리칸 인디언들 사이에서 이 기구나 또는 그 밖의 모든 휴식이나 수면에 사용하는 도구를 모르고 산다는 것은, 남비콰라족의 빈곤을 단적으로 표시하는 것이라고 할 수 있다. 남비콰라족들은 벌거벗은 채 땅바닥에서 잔다. 건계의 밤은 춥기 때문에 그들은 서로 꼭 부둥켜안고 잠으로써 몸을 덥히거나 아니면 꺼져가는 모닥불 곁으로 다가간다. 따라서 이 원주민들은 새벽이면 아직도 따스한 잿더미 속에서 뒹굴다가 잠을 깨게 된다. 이와 같은 까닭으로 파레시족은 이들에게 우아이코아코레, 즉 '땅바닥에서 그대로 자는 사람들'이라는 뜻의 별명을 붙인 것이다."[3]

레비-스트로스는 남비콰라족의 "소꿉장난 같은 극소량의 지독한 식사에 자주 참가했다. 남비콰라족에게는 1년의 반 동안은 이런 식사가 굶어 죽지 않기 위한 유일한 방편이었다. 남자가 묵묵히 피로에 지쳐 숙영지로 돌아와, 한쪽 구석에다 써보지도 못하고 들고 온 활과 화살들을 던져놓을 때, 여자의 채롱에서는 측은한 마음을 일으키게 하는 수집품들이 쏟아져 나온다. 부리티 야자나무의 오렌지색 열매 몇 개, 커다란 독거미 두 마리, 도마뱀 몇 마리와 그 작은 알 몇 개, 박쥐 한 마리, 바카이우바 또는 우아과수 야자수의 조그만 열매들, 그리고 메뚜기 한줌이 채롱 속에 있는 것이다. 과육이 있는 열매는 물이 가득한 호리병박 속에 넣고 손으로 으깨며, 단단한 껍질이 있는 열매는 돌멩이로 깨고, 짐승과 유충들은 뒤죽박죽 섞어서 재 속에다 파묻는다. 이렇

벌거벗은 채 맨땅에서 낮잠을 자는 남비콰라족.

게 만든 식사를 즐겁게들 먹어 치우는데, 백인 한 사람의 배고픔을 진정시켜주기에 충분치 못할 양으로도 여기서는 한 가족을 먹인다."[4]

이처럼 동물과 별반 다름없이 자연과 직접 부딪치면서 살아가는 가장 초기단계의 인간 사회에도 엄연히 기술은 존재한다. 남비콰라족을 개미족에 비유하고 그 부족 사람들이 동물처럼 벌거벗은 채 땅바닥에서 자며, 소꿉장난 같은 극소량의 지독한, 그래서 보는 사람으로 하여금 측은한 마음을 일으키게 하는 식사로 생존하는 모습을 묘사하고 있는 위의 인용문 속에도 채롱·호리병박·껍질을 깨는 돌멩이와 같은 도구와 활·화살과 같은 무기, 불의 사용, 게다가 음식을 준비하는 기술이 언급되고 있다.

비단 그와 같은 기술만이 존재하는 것은 아니다. 다음과 같이 남비콰라족이 경제적 생산활동을 하는 모습을 보면 훨씬 더 많은 기술의 존재를 확인할 수 있다.

"남비콰라족의 1년은 명확하게 두 시기로 구분이 된다. 10월부터 3월까지 비가 많이 오는 계절에는 냇물의 흐름을 내려다보고 있는 작은 언덕에 집단별로 자리를 잡는다. 그러고는 그곳에다 원주민들은 나뭇가지와 종려나무 잎을 엮어 되는 대로 거친 오두막을 세운다. 그런 다음 계곡 아래쪽 습지를 차지하고 있는 길다란 삼림 속에 화전을 일군다. 그곳에 곡식을 심고 채마밭을 가꾸는데, 주로 마니오크(단것과 쓴 것)나 갖가지 종류의 옥수수나 담배를 심고, 때로는 콩과 목화와 땅콩, 그리고 호리병박도 심는다. 여자들은 종려나무의 가시를 박아놓은 널빤지 위에다가 마니오크를 갈며, 만일에 독이 있는 종류라면 신선한 과육(果肉)을 헝겊 조각에 넣고 비틀어 눌러서 그 즙을 짜내기도 한다. 그들은 그 채마밭으로부터 정주생활을 하는 시기 동안에 충분히 지낼 만한 식량을 공급받는다. 이 남비콰라족들은 마니오크 과육도 저장을 하는데, 그것들을 땅속에 파묻었다가 몇 주일 또는 몇 달 후 반쯤 썩었을 때 끄집어낸다.

건계(乾季)가 시작되면 마을은 내버려진 채 각 집단은 몇 개의 유랑무리로 나뉘어 흩어지게 된다. 그로부터 7개월 동안 이 무리들은 먹을 것을 찾으며, 초원지대를 헤매고 다닌다. 그들이 찾는 사냥거리는 특히 작은 것들로서, 애벌레·거미·메뚜기·설치류·뱀·도마뱀 따위고, 동물성인 것 이외에 나무나 풀의 열매뿌리 또는 야생 꿀을 모은다. 요컨대 기아로 죽는 것을 막아줄 수 있는 모든 것을 찾아

다닌다. 하루, 며칠, 때로는 몇 주일 동안 묵기 위해 그들이 꾸미는 숙영지에는 비바람을 피할 수 있을 정도의 간단한 오두막들이 들어서게 된다. 종려나무 잎이나 나뭇가지를 모래에다 반원을 이루게 꽂은 후 꼭대기를 묶어서 그들의 피신처를 만든다. 햇빛이 움직여가는 데 따라서, 종려나무는 한쪽에서 뽑혀서 다른 쪽으로 심어진다. 태양을 막아주는 벽이 항상 옆에 있게 하기 위해서이며, 때에 따라서는 바람과 비로부터 보호받게 위해서 옮겨놓을 때도 있다."[5]

우리는 이 긴 인용문을 통해, 다양한 기술들이 모여서 나름대로의 독특한 체계와 질서를 이루는 기술계 안에서 남비콰라족이 살아간다는 사실을 어렵지 않게 알 수 있다. 남비콰라족 사람들은 종려나무의 가시를 박아놓은 널빤지, 과즙 짜는 헝겊 조각, 밭일 도구 등 다양한 연장을 사용한다. 또한 건기에 사냥을 하기 위해서 무기를 제작하고 사용한다. 그들은 다양한 종류의 활과 화살을 만드는데, 새를 잡는 화살, 물고기를 잡는 화살, 독을 칠한 화살 그리고 큰 사냥감을 잡을 때 사용하는 화살 등으로 세분된다. 여기서 한 가지 특기할 만한 것은 독(毒)이다. 남비콰라족은 독을 만드는 매우 정교한 기술을 갖고 있다.

"(남비콰라족 사람들은) 화살촉에 바를 독을 만들어 낼 때 '스트리크노스(馬錢)' 라는 식물의 뿌리를 덮고 있는 붉은 껍질을 삶은 후, 그 용액이 풀처럼 될 때까지 증발을 시켜서 독을 얻어낸다. 그들은 다른 식물성 독들도 사용을 하는데, 그런 독들은 분말 형태로 만들어

활을 쏘고 있는 남비콰라족 남자.

서 깃털이나 대나무 속에 난 관에다 넣은 후 목면 또는 나무껍질로 만든 실로 감싸서 각자의 몸에 지니고 다닌다."[6]

남비콰라족의 경제적 생산활동에는 다른 여러 가지 기술들이 사용되고 있다. 우선 다양한 곡식과 채소를 심기 위해서는 그 종자들을 보존하는 고유한 방법을 사용해야 한다. 또한 화전경작을 하기 위해서는 단지 불을 만들 줄 아는 것으로는 부족하며, 바람의 방향을 예측할 수 있어야 하고 불을 피우는 사람들의 행동을 조직해야 한다. 겨울에는 유랑생활을 하고 여름에는 정착생활을 하는 두 가지 삶의 방식 역시 생존의 기술에 해당한다. 그리고 분업이라는 기술이 존재한다. 경작과 사냥은 남성이, 그리고 채집은 여성이 담당한다.[7] 분업은 생산을 하기 위한 경제적 기술인 동시에 사회구성원들을 조직하고 통제하는 사회적 기술이기도 하다.

이렇듯 남비콰라족과 같은 가장 원시적인 사회 역시 고도로 발달한 문명사회와 마찬가지로 기술체계와 융합되어 있다. 비록 전자가 후자보다 훨씬 더 자연에 가깝기는 해도 기술을 통해 자연으로부터 최소한의 거리를 유지하고 있는 것이다. 원시적인 사회 역시 문명화된 사회와 마찬가지로 기술을 통해 끊임없이 자연을 변형시켜서 새로운 것을 창조하며 생산하면서 살았다. 오로지 생물학적 본능과 능력을 통해서만 생존할 수 있는 완전한 자연상태는 극복된 상태인 것이다.

개미족 같은 동물적인 수준에 머무는 남비콰라족의 생활수준은 그나마 그들이 발전시킨 기술계가 없었다면 불가능했을 것이다. 이 부족이 생물계 내에서만 살아가는 개미족이나 동물들과 근본적으로 다른 점은 생물계뿐만 아니라 기술계에서도 살아간다는 사실이다. 그것도 매우 다양한 기술을 포함하고 있는 기술계 내에서 말이다. 기술과 더불어 남비콰라족 사람들은 자연과는 다른 존재 방식인 문화의 편에 서게 된다. 아무리 초보적이고 원초적이며 단순한 인간 사회라고 할지라도 기술 없이는 존재할 수 없다.

이제 주술을 통해 원시사회의 정신기술에 대해서 알아보자.

일반적으로 주술은 주문이나 의식을 통해 자연과 사물을 지배하는 메커니즘과 힘을 조정해서 원하는 결과를 얻고자 하는 인간의 의지와 행위라고 정의된다. 영국의 인류학자 제임스 조지 프레이저(James

George Frazer, 1854~1941)에 의하면, 주술은 "사건의 연속이 완벽하게 규칙적이고 확실하며, 불변하는 법칙에 따라 결정된다"는 세계관을 바탕으로 하고 있다.

"그 법칙의 작용은 정확하게 예측할 수 있고 계산할 수 있다. 변덕과 우연, 우발성 따위의 요소는 자연의 운행경로에서 배제된다. 사물의 원인을 아는 사람, 방대하고 정교한 세계의 메커니즘을 움직이는 비밀의 원천을 감촉할 수 있는 사람에게 (주술은) 외견상 무한한 가능성을 열어준다. 그런 까닭에 (주술은) 인간정신에 강력한 매력을 발휘했고, 지식의 추구에 강력한 자극을 주었다. …… (인간은 태초부터) 자연현상의 질서를 자신에게 유리하게 전용(轉用)할 수 있는 일반법칙을 모색해 왔고, 오랜 모색을 통해 그런 법칙을 많이 긁어모았다."[8]

언뜻 주술은 종교와 유사하게 보인다. 왜냐하면 종교에서도 인간은 신과 같은 초자연적인 힘을 빌려 바라는 결과를 얻고자 기도를 하고 의식을 하기 때문이다. 하지만, 프레이저에 의하면 이 둘 사이에는 근본적인 차이점이 존재한다. 종교에서는 인간보다 우월한 힘을 달래거나 신의 비위를 맞추려고 하는 반면에, 주술은 신과 같은 인격적 주체를 다루는 경우에도 제어하거나 강박한다.

"주술은 인간이든 신이든, 모든 인격적 존재가 결국에는 만물을 통제하는 비인격적인 힘에 복종한다고 전제한다. 그런데 그 힘은 적절한 의식과 주문에 따라 그것을 조종할 줄 아는 사람이면 아무나 활용할 수 있는 것이다. 예를 들어, 고대 이집트의 주술사들은 심지어 최고신들마저도 자기 명령에 따르도록 강요하는 권능을 지녔으며, 따르지 않을 때는 신들을 부숴버리겠다고 실제로 협박하기도 했다. 그 정도까지 가지는 않더라도, 때때로 오시리스(Osiris) 신(사자(死者)의 신)이 명령에 따르지 않는 것으로 드러나면 마법사는 그 신의 뼈를 흩뿌리거나 그의 숨은 전설을 폭로하겠다고 공언했다."[9]

주술은 일반적으로 비합리적이고 비과학적인 것, 또는 심지어 신비하고 기괴한 것으로 받아들여진다. 프레이저와 같은 학자는 주술에 대해서 매우 다양한 경험적 자료를 제공하고 이것을 바탕으로 매우 탁월한 이론을 제시함에도 불구하고, 주술을 "필연적으로 거짓이고 무익하다고" 단정한다. 그에 따르면, 인간이 축적한 자연에 대한 일반법칙 가운데 과학은 "금덩어리"요, "참된 법칙 또는 황금의 법칙"이다. 이에 반해 주술은 "쓰레기"에 불과한 "거짓된 법칙"이다. "한마디로 주술은 그릇된 행동의 지침일 뿐 아니라 날조된 자연법칙의 세계이기도 하다. 결국 주술은 덜 떨어진 기술인 동시에 거짓 과학인 셈이다."[10] 그래도 어찌 보면 프레이저는 나은 편인지도 모른다. 왜냐하면 주술을 아예 자연의 법칙이나 기술로 보지 않는 입장이 지배적이기 때문이다.

주술에 대한 이 같은 입장은 무엇보다도 합리화되고 과학화된 눈 또는 문명화된 눈으로 보기 때문에 생겨난다. 또한 기술을 물질적 생산

샤머니즘적 세계관을 표현한 벽화.

기술과 동일시하는 입장이나 구체적인 장비·설비·기구와 결부시키는 입장에서 보면, 주술은 기술이 아닌 것으로 보일 수밖에 없다. 고도로 발달된 과학을 기술에 응용하고 고도로 복잡하고 정교한 기계를 제작·사용하는 현대의 시점에서 보면 더욱 더 그럴 수밖에 없다.

그러나 주술 역시 기술에 해당한다. 왜냐하면 주술은 "기본적으로 인간이 환경에 대항하는 하나의 수단으로 채택하는 '효율성이라는 전통적인 교리의 고수'"이기 때문이다. 물질적 생산기술이 인간과 사물을 매개한다면, 주술이라는 기술은 인간과 그보다 더 높은 능력을 매개한다. 전자가 자연을 인간에게 복종하게 만든다면, 후자는 신적인 것을 인간에게 복종하도록 만든다. 주술은 이미 존재하는 것으로부터 새로운 존재, 지금까지 존재하지 않는 그 무엇을 만들어 내는 인간의 의지요 능력이다. 비록 주술이 "아직 객관적이라고 부를 만한 엄밀함을 가지고 있지 않으며, 그 효율성은 오로지 특정한 '성화(聖化)'나 자격

의 박탈'을 통해서만 입증될 수" 있지만 말이다.[11]

우리는 주술에서 다양한 기술적 요소를 관찰할 수 있다. 논의를 수월하게 하기 위해 우선 한 가지 인류학적 사례를 살펴보자.

프레이저에 의하면, 고대 힌두족은 황달을 치료하기 위해 매우 세련된 의식을 거행했다.

> "그 의식의 주된 취지는 그 병의 황색을 본래 황색인 동물과 물체, 이를테면 태양 같은 것에 넘겨주고, 환자를 위해 살아 있는 활력의 원천으로 여기던 붉은 수소(牛)에게서 건강한 붉은 혈색을 얻어오려는 것이었다. 이런 의도에서 사제는 다음과 같은 주문을 암송했다.
>
> '그대의 가슴병과 황달은 태양을 행해 올라가라! 붉은 수소의 빛깔로 우리는 그대를 감싸노라! 붉은색으로 그대를 감싸 장수하게 하리라. 원컨대 이 사람이 상한 데 없이 황색에서 벗어나기를! 로히니(Rohini) 신을 섬기며 스스로 붉은색(rohinih)인 저 소들, 저들의 모든 형상과 모든 힘으로 우리는 그대를 감싸노라. 앵무새에게, 개똥지빠귀에게 그대의 황달을 넘겨주노라. 아울러 노랑할미새에게 그대의 황달을 넘겨주노라.'
>
> 이런 주문을 외우면서 사제는 건강한 장밋빛을 창백한 환자에게 주입하기 위해 붉은 수소의 털을 섞은 물을 환자에게 주어 한 모금 마시게 한다. 그런 다음 그 물을 소의 등에 붓고 나서 다시 환자에게 주어 마시게 한다. 그리고 환자를 붉은 소가죽 위에 앉힌 뒤, 남은 쪼가리로 환자를 묶는다. 그리고 나서 노란빛을 완전히 없애 환자의 안

색을 좋게 만들기 위해 다음과 같이 해나갔다. 먼저 황색 식물인 심황이나 강황(薑黃)으로 만든 노란색 죽(粥)을 환자의 머리끝부터 발끝까지 바른 다음, 환자를 침상에 눕히고 세 마리 노란 새, 곧 앵무새 · 개똥지빠귀 · 할미새를 노란 끈으로 침상 다리에 붙잡아 맨다. 그런 다음 환자에게 물을 쏟아부어 노란 죽을 씻어낸다. 황달을 환자에게서 새들에게로 씻어 보내는 것이다. 사제는 마지막으로 환자의 얼굴에 화색이 돌게 할 목적으로 붉은 수소의 털을 조금 뽑아 황금색 나뭇잎에 싸서 환자의 살갗에 붙인다."[12]

고도로 발달된 현대 의료기술을 사용해 황달을 치료하는 의사와 마찬가지로 원시사회의 주술사 역시 매우 복잡하고 정교한 절차와 과정을 거치며 치료행위를 하고 있음을 볼 수 있다. 황달이라는 질병을 치료한다는 목적에 있어서 주술과 현대 의학기술에는 전혀 다른 점이 없다. 현대 의학기술과 마찬가지로 주술 역시 자연의 상태를 변형시켜 지금까지 존재하지 않던 새로운 상태를 야기코자 하고 새로운 것을 창조 · 생산코자 하는 인간의 의지요 행위이다. 주술은 본질상 물질적 생존을 위한 생산기술 또는 경제기술과 조금도 다르지 않다.

현대의 기술과 마찬가지로 주술 역시 다양한 수단과 도구에 의존한다. 주술에는 주문 · 기도 · 의식과 같은 지적이고 정신적인 요소 이외에도 주술적 약품 · 음식물 · 동식물 · 새의 깃털과 같은 동물 신체의 일부분 · 복장 · 마스크 · 장신구 · 칼 · 지팡이 등등 실로 다양한 수단

주술에 사용되는 깃털과 마스크.
이런 도구들을 통해 주술은 도구의 세계 속에서 존재하고 사용되는 기술이 되는 것이다.

과 도구가 동원된다. 이런 것들을 통해 주술이라는 기술은 구체화되고 대상화된다. 고대 힌두족의 경우를 보면, 주문·물·붉은 소·붉은 소의 털과 가죽·여러 가지 새·나뭇잎·죽 등이 황달을 치료하기 위한 기술에 수단과 도구로 동원되고 있다. 주술은 한마디로 도구의 세계 속에서 존재하고 사용되는 기술인 것이다.

주술이라는 원시사회의 기술은 자연환경에 대한 나름대로의 체계적인 지식을 전제로 한다. 고대 힌두족의 주술사는 황달이라는 질병의 특성을 이해하고, 신적인 세계의 구조와 질서를 파악하고, 동식물을 포함한 자연세계를 색깔에 따라 분류하며, 자연의 색깔을 인간 신체의 건강상태와 연결시킨다. 이런 지식이 기술로 구체화된 결과가 바로 황달을 치료하기 위해 행하는 주술이다. 물론 황달과 태양을 동일한 범주로 묶고 건강한 상태와 붉은 수소를 동일한 범주로 묶는 것을 그저 사물을 색깔의 유사성에 따라 분류한 것일 뿐이라고 볼 수 있다. 이렇게 본다면 주술사가 소유한 지식은 프레이저의 말처럼 잘못된 관념의 연합이나 거짓과학, 덜 떨어진 기술, 거짓기술이 된다. 하지만, 현대인 역시 사물에 대해 반드시 과학적인 지식만을 추구하지는 않는다. 그리고 지식을 축적하고 소유하는 과정에서 언제나 과학적 원리와 절차를 따르는 것이 아니다. 종교적, 예술적 또는 문학적 원리와 절차를 따르기도 한다. 예를 들어 빨간 색을 죽음과 연결시키는 경우가 있는 것처럼 말이다.

현대의학의 관점에서 볼 때, 잘못된 관념의 연합인 주술적 지식은 그야말로 황당무계하고 어불성설이고, 거짓과학에 기초한 덜떨어진 기술, 거짓기술을 사용하는 주술은 결코 질병을 치료할 수 없다. 하지만, 주술적 수단은 그것을 사용하는 사람들이 보기에는 가장 효율적인 것이다. 왜냐하면 주술은 유사성의 세계관이 지배하기 때문이다. 황색 질병은 같은 황색의 동물이나 사물이 가져가고 건강한 붉은 혈색은 붉은 색의 동물이나 사물로부터 얻어올 수 있다는 이념의 지배를 받는 사람들에게는 이 이념에 입각한 치료기술이 가장 효율적으로 보일 수밖에 없다. 그리고 이 같은 치료기술은 실제로 심리적인 효과를 가져올 수 있다. 게다가 유사성의 원리에 입각한 도구와 절차가 더 많으면 많을수록 심리적 효과는 그만큼 더 커질 수 있다. 이런 현상은 과학기술이 지배하는 오늘날에도 마찬가지이다. 예컨대 종교적 신앙에 바탕을 둔 삶과 행위를 통해 질병에 대한 정신적 치료효과를 어느 정도 거둘 수 있는 것으로 알려져 있다.

프랑스의 사회학자 마르셀 모스(Marcel Mauss, 1872~1950)는 다음과 같이 말했다.

"주술은 신비적 삶으로부터의 수천의 균열에 의해 나온다. 거기서 주술은 세속적인 삶에 합류하고 그것에 봉사하기 위해 자신의 힘을 길러낸다. 종교가 추상적인 것을 지향하는 것과 같이 주술은 구체적인 것을 지향한다. 그것은 우리의 기술들, 산업, 의학, 화학, 기계 장치 등이 작업하는 것과 같은 방향으로 작업한다. 주술은 본질적으로 무언가를 만드는 기술이며 주술사들은 그들의 기량과 손재주를 조심스럽게 사용해 왔다. 그것은 무로부터의(ex nihilo) 순수한 생산의 영역이다. 그것은 노동에서 만든 것을 말과 동작으로 만들어 낸다."[13]

아무리 자연상태에 그대로 노출되어 있는 듯이 보이는 원시사회일지라도 문명화된 현대사회와 마찬가지로 다양한 기술이 존재하고 복잡하고 체계적인 나름대로의 기술계가 존재한다. 원시사회의 일상적 삶은 오늘날의 일상적 삶과 마찬가지로 그 자체가 기술의 집적체요 기술의 결정체이다. 앞서 살펴본 것처럼 원시사회 역시 나름대로의 방식으로 물질적 생존을 위한 생산기술 또는 경제기술을 발전시켰고 종교나 주술과 같은 정신기술 또는 지적 기술을 발전시켰다. 그리고 사회구성원들을 다양한 기능·역할별로 조직하고 친족관계를 유지하며 지배질서를 유지하는 등 조직기술을 발전시켰으며, 어린아이들에게 사회의 가치와 규범을 심어주고 사회가 요구하는 기능과 역할을 교육시키는 등 인간기술을 발전시켰다.

제3장

고대 그리스와 로마
기술의 신은 못생긴 절름발이다

제3장
고대 그리스와 로마
기술의 신은 못생긴 절름발이다

고대 그리스와 로마가 서구의 역사에서 차지하는 위치와 의미는 절대적이다. 일반적으로 서구문화는 헬레니즘이라고 불리는 고대 그리스의 문화와 이를 이어받은 로마의 문화, 그리고 헤브라이즘이라고 불리는 유대교와 기독교 문화의 토양 위에서 형성·발전되었다고 본다. 그리스·로마의 문화는 인간 중심이었고, 기독교 문화는 신 중심이었다. 그리스와 로마를 한데 묶어서 고전시대 또는 고대라고 부르는데, 일반적으로 그리스에서 최초로 도시국가가 성립된 기원전 8세기부터 서로마 제국이 멸망한 기원후 5세기까지를 지칭한다. 그 이후로는 이른바 암흑시대라고 불리는 신 중심의 중세시대가 시작된다.

고대 그리스와 로마는 정치·종교·철학·예술·문학·법률·논리학·수사학·수학·자연과학 등 다양한 분야에서 실로 위대한 업적을 남겼다. 고대 그리스인들의 합리적, 논리적, 과학적, 이론적 사고와 인식은 근대에 들어오면서 서구 자연과학의 발전에 결정적인 계기가

아테네 아크로폴리스 전경.
아크로폴리스는 페리클레스 통치 시대에 제식의 중심지로 개조됐다. 그리스의 전기 작가 플루타르코스에 의하면 아테네의 명성을 영원히 알리는 것이 바로 이 아크로폴리스다. 프로필라이온, 니케 신전, 에레크테이온, 그리고 무엇보다도 페이디아스가 금과 상아로 만든 아테나 조각상이 있는 파르테논은 그러나 비잔틴 사람들에게 약탈당하고, 터키와 베네치아에 의해 손상을 입었다.

되었다. 하지만, 고대 그리스와 로마 시대에는 군사와 토목·건축 분야를 제외하면 기술 분야에서 이렇다할만한 커다란 발전을 이룩하지 못했다. 당시의 기술은 이전의 기술을 답습하는 데 그치고 말았을 뿐 이차적이고 부차적인 수준에 머물고 있었던 것이다.

고대 그리스와 로마에서는 물질적 기술과 생산노동이 낮게 평가되었다. 기술과 노동은 필요한 것이 사실이지만, 어디까지나 노예나 하층민의 임무라는 사고가 지배했다. 고대 그리스 도시국가의 시민은 기술과 노동으로부터 해방되어 정치·문화·예술·과학·철학에 종사하는 자유민들이었다. 로마 시대에도 상황은 별로 달라지지 않았다.

이러한 상황은 고대 그리스·로마의 신화와 철학에도 그대로 반영되고 있다.

그리스 신화에 등장하는 전쟁의 신은 아테나와 아레스 둘이다. 이들은 신화의 전면에서 활약한다. 더구나 아테나 여신은 도시국가들 중에서 중추적인 지위를 차지하는 아테네의 수호신이기도 하다. 고대 그리스에서 매우 커다란 비중을 차지하는 전쟁이 신화에 반영된 것이다. 이에 반해서 대장장이 신(기술의 신)은 헤파이스토스 하나인데, 못생기고 절름발이이다. 그는 신화의 전면에 나서지 못한다. 기술과 기술자에 대한 그리스 사회의 부정적인 평가와 혐오감이 기술의 신의 모습에 형상화된 것이다. 하지만, 그는 올림포스 신들의 '사회'가 유지되는 데 절대 없어서는 안 될 존재이다. 왜냐하면 그는 대장간에서 신들을 위해 무기와 갑옷, 투구 등을 만들고 여신들을 위해 갖가지 장신구를 만들기 때문이다. 제우스는 이에 대한 보답으로 미의 여신 아프로디테와

벨라스케스, 〈대장간에 간 헤파이스토스〉.

헤파이스토스를 맺어준다. 하지만, 아프로디테는 못생기고 절름발이인 헤파이스토스가 아니라 키가 크고 잘생긴 전쟁의 신 아레스를 사랑한다. 아름다움을 갖춘 고대 그리스 여성들은 사회의 하층부를 구성하는 기술자를 사랑할 수는 없었던 것이다. 그들이 사랑한 건 전사(戰士)였던 것이다.[1]

올림포스의 열두 주신(主神) 가운데에는 화로와 불씨의 여신 헤스티아가 있다. 불을 관리하는 것은 기술로 볼 수 있기 때문에, 헤스티아 역시 기술의 신이라고 볼 수 있다. 그러면 기술의 신도 둘이 된다. 하지만, 상황은 바뀌지 않는다. 그리스 신화에서 불은 신들의 전유물이었다. 프로메테우스가 불을 훔쳐 인간들에게 선사하기 전까지는 말이다. 그만큼 불은 중요했던 것이다. 따라서 불씨를 지키는 기술적 기능 역

플라톤의 흉상.

시 매우 중요할 수밖에 없었다. 그런데도 헤스티아는 신화에서 거의 하는 역할이 없다. 게다가 다른 신들이 황금 의자에 앉는 것과는 달리 화롯가에 앉는다. 이런 헤스티아 여신의 모습 속에서도 고대 그리스 사회에서 기술과 기술자들이 차지하는 지위가 어떠했는지를 알 수 있다.

다음으로 그리스 철학에 비친 기술에 대해서 알아보기로 하자. 플라톤을 살펴보면 고대 그리스의 기술철학을 단적으로 알 수 있다. 그는 일단 도시국가가 존재하는 데 있어 다양한 기술과 기술자가 필요하다고 역설했다. 도시국가란 원래 자신의 다양한 욕구를 스스로 충족시킬 수 없는 인간들이 서로 도움을 주고받기 위해서 만든 집단이라는 것이 플라톤의 생각이다. 국가는 일차적으로 인간의 물적 욕구를 충족시키는 경제적 기능을 수행해야 하는데, 이를 위해서는 농부·목자·화공(靴工)·목수·재단사·대장장이와 그 밖의 수많은 기술자와 상인의 노동이 요구된다. 이처럼 국가는 분화되고 전문화된 직업과 기술의 토대 위에서 존립한다. 거기다가 국가의 수호자인 군인과 입법을 하고 교육을 감독하는 등 국가를 통치하는 위정자를 필요로 한다. 이상적인 국가는 정치가와 군인 및 노동자의 세 계급이 각자의 덕목인 지혜·용기·절제를 갖추고 각자에게 부여된 사회적 기능과 역할을 다하는 국가이다. 이 세 가지 기능과 덕목이 조화를 이루는 상태를 정의라고 한다. 정의는 곧 선(善; 좋음)이다.[2]

하지만, 플라톤은 기술에 가치를 부여하는 데 매우 인색했다. 그는 『파이드로스(Phaidros)』에서 직업을 가치에 따라 아홉 등급으로 분류한 적이 있는데, 그 가운데 수공업자는 농부와 더불어 일곱 번째 등급을 차지하고 있다. 그 아홉 등급은 구체적으로 다음과 같다:

1. 지혜로운 자와 아름다운 자(또는 지혜롭고 아름다운 자), 문예와 학술에 봉사하는 자, 그리고 사랑에 봉사하는 자
2. 입헌군주와 무인 통치자
3. 정치가 또는 집안을 다스리며 기업을 경영하는 자
4. 체육을 통해 인재를 양성하거나 몸의 치료행위를 하는 자
5. 예언자와 비전(秘傳)에 종사하는 자
6. 시인이나 기타 (예술가처럼) 모방에 종사하는 자
7. 농부와 수공업자
8. 소피스트와 선동가
9. 전제군주

고대 그리스의 철학자들이 보기에 인류 역사상 가장 골칫거리이자 가장 비열한 존재인 소피스트(궤변가)와 선동가 그리고 전제군주만이

수공업자보다 낮은 등급인 여덟 번째와 아홉 번째에 있다.[3] 이러한 사실을 염두에 두면, 플라톤이 기계제작에 대해서 다음과 같이 말한 것이 별로 놀랄 만한 일은 아니다.

"당신은 그에게 모욕으로써 기꺼이 기계장이(machiniste)라는 말을 던질 수도 있을 것이오. 당신은 그의 아들에게 당신의 딸을 주지도 않을 뿐만 아니라, 당신 자신이 그의 딸과 결혼하지도 않을 것이오."[4]

아리스토텔레스도 기술을 푸대접하기는 마찬가지였다. 그는 국가가 생활할 수 있으려면 농부나 제화공 또는 목수가 필요하다는 사실을 직시했다. 그러나 그가 생각하기에, 국가가 추구하는 목적은 단순한 생활이 아니라 선(善)한 생활, 곧 자유롭고 고귀하며 행복한 생활이다. "만일 생활만이 목적이라면 노예나 잔학한 동물들도 국가를 형성할 수 있을 것이나 그들은 행복이나 또는 자유선택의 생활에 참여하는 것이 아니므로 국가를 형성하지 못한다." 농부와 기술자들도 노예나 동물들과 마찬가지로 국가를 형성하지 못한다. 기술은 단지 선한 생활이라는 국가의 목적을 달성하기 위한 수단에 지나지 않기 때문이다. 국가의 목적은 경제가 아니라 정치를 통해서 달성되는데, 정치는 생산노동으로부터 해방된 자유시민들의 권리이자 의무이다. 아리스토텔레스의 결론은 "정치적 사회는 단순한 공동생활이 아니라, 고귀한 행동을 위하여 존재한다는 것이다. 그러므로 이러한 사회에 가장 많이 공헌하는 자는 자유로운 생활과 혈통에 있어 그들과 동등 또는 그 이상인 자, 그러나 정치적 덕성에 있어서는 그들보다 열등한 자, 또는 부에 있어서는 그들을 능가하여도 덕성에 있어서 그들만 못한 자들보다는 더 큰 정치적 참여를 하는 것이다."[5]

아리스토텔레스.

플라톤과 아리스토텔레스뿐만 아니라 대부분의 고대 그리스 철학자들은 자유시민은 정치와 철학에 전념해야 한다고 강조했다. 정치가 도시국가의 목적을 추구하는 프락시스(Praxis, 실천적 삶)라면 철학은 지혜를 사랑하는 테오리아(Theoria, 관조적(觀照的) 삶)이다. 우리가 흔히 말하는 이론(theory)과 실천(practice)의 관계는 고대 그리스어에서 유래한다. 철학이 관조적인 삶이라는 것은 인간의 이성, 지성 또는 정신의 사유를 통해 지혜를 추구한다는 의미이다. 주지주의적(主知主義的) 경향이 강함을 엿볼 수 있다. 고대 그리스어에서 철학이란 지혜에 대한 사랑을, 그리고 철학자란 지혜를 사랑하는 사람을 가리키는 말이다. 아무튼 그리스인들은 관조적인 삶인 철학을 인간의 활동 가운데 최선의 것으로 보았고, 인간의 삶 가운데 가장 행복한 것으로 보았다. 심지어 플라톤은 철학자가 다스리는 나라가 이상국가라는 철인정치(哲人政治)를 주창하

라파엘로, 「아테네학당」.
그림 중간을 보면 플라톤은 위를, 아리스토텔레스는 아래를 가리키고 있다. 이는 이론과 실천의 관계를 형상화하고 있다고 할 수 있다.

기도 했다. 이런 사고가 지배하는 사회에서는 무엇을 만드는 것(포이에시스)은 물론이고 예술작품의 창작도 가치가 없는 일로 치부될 수밖에 없다.[6] 고대 그리스 사회에서는 기술, 더 나아가 경제일반이 독립된 가치와 이상으로 인정되지 못했음을 알 수 있다.

플라톤은 사회를 구성하는 계급들이 조화를 이루는 상태가 정의이고 정의는 곧 선이라고 했다. 고대 그리스는 사회적인 영역과 자연적인 영역 모두에서 조화를 추구했다. 조화란 사물이 중용을 지키고 균형을 이루는 상태이다. 조화·중용·균형, 이것이야말로 정의이고 선인 것이다. 그런데 기술은 자연과 사회의 질서를 바꾸어 놓을 수 있는 프로메테우스적인 힘과 능력 때문에 조화와 중용 그리고 균형을 파괴할 수 있다. 그래서 기술은 정의가 아니고 선이 아니다. 그것은 국가의 경제적 생활을 위해 반드시 필요한 만큼만 허용되어야 하는 일종의 필요악이었던 것이다.

고대 그리스에서 기하학이 발달하고 높은 평가를 받은 이유 또한 이 조화의 이념에서 찾아볼 수 있다. 기하학은 '이데아론'과도 밀접한 관계가 있다. 고대 그리스인들은 이 세상(시간과 공간)에 존재하는 사물이 불완전한 가상에 지나지 않는다고 보았다. 그것은 어디까지나 완전한 형상이자 실상이고 실재인 이데아(Idea)의 그림자일 뿐이다. 이데아는 '그림'이나 '형태'를 의미하는 말이다. 이데아 가운데 최고의 이데아는 '선(善)'의 이데아이다. 그림자요 가상인 현실의 경험세계는 우리의 감각기관을 통해서 인지할 수 있는 감각의 대상이지만, 이데아의 세계는 감각기관을 통해선 알 수 없는, 영원히 불변하고 부동하는 실체이기 때문에 인식과 지식의 대상이다. 우리는 그저 그림자밖에 볼 수 없다. 그러나 철학자는 "이성과 진리의 양광(陽光)에 비추어 바깥쪽에 있는 물건을 볼 수 있다. 이것이 실재이다. 이 빛은 우리에게 진리를 인식할 힘을 부여하는 것이며, 선(善)의 이데아를 나타내고 있다."[7] 철학적 성찰, 즉 이성과 지성 또는 정신의 관조적 활동이 도달할 수 있는 최고의 경지는 바로 선의 이데아를 인식하는 것이다.

고대 그리스인들은 기하학을 이러한 이데아를 인식하는 수단으로 보았다. 고대 그리스의 기하학은 그림과 형태로 구성된다. 좀 더 구체적으로 말하자면 기하학은 가상의 세계인 시간, 발생, 변화 또는 운동의 개념이 포함되지 않은, 정지된 그림과 형태로 구성된다. 기하학은 고대 그리스인들에게 실상의 세계이다. 따라서 그들은 기하학을 단순히 도형과 공간에 대한 이론이 아니라, 영원히 불변하고 부동하는 이데아를 인식하는데 적합한 수단이라고 생각했다.

플라톤의 『국가론』의 제7장 「이상국가」 편을 보면, 소크라테스가 제자인 글라우콘에게 다음과 같이 말하는 장면이 나온다.

"내가 말하는 기하학은 …… 선의 이데아(實相)에 대해 조금이라도 쉽사리 적시하는 데 관련이 있나 없나를 살펴보아야 하네. 그런데 모든 것이 거기에 관련되어 있네. 거기에는 실재의 최고 행복이 깃들어 있네. …… 그들이(잘 모르는 학생들이) 사용하는 용어에는 어딘가 우습고 무리한 대목이 있는 것 같군. 즉, 그들은 '네모나게 한다'든가 '평행선을 긋는다' 또는 '첨가한다' 는 식으로 말하고 또 실제로 그들은 그렇게 하고 있기 때문에 그런 말을 한다고 생각되지만 실재의 학문이란 인식을 위한 것이라네."[8]

플라톤에 따르면, 기하학이 알고자 하는 것은 "영원한 존재이며 어느 시기에 생성되었다가 소멸되는 그런 것이 아니다. (그것은) 영혼을 진리로 인도하는 것으로 현재 우리가 잘못하여 아래쪽으로 향하고 있는 것을 시정하여 위로 향하게 하기 위한 철학적인 기능을 얻으려는

칸딘스키, 〈구상 8〉.
칸딘스키는 현대 추상회화의 선구자로서, 대상의 구체적인 재현에서 이탈, 선명한 색채로써 교향악적이고도 다이내믹한 추상표현을 관철한 후 점차 점, 선, 면을 이용한 기하학적 형태에 의한 구성적 양식으로 대상과 의미를 표현했다.

것이다."[9]

고대 그리스에서는 역학이 발달했다. 하지만, 동역학이 아니라 정역학이 발달했다. 당시의 역학은 운동 그 자체를 실재로 다루는 것이 아니라, 역학적인 현상을 기하학과 철학의 원리로 해석하는 것이었다. 역학은 기하학의 하위개념이었고, 기하학은 철학의 수단이자 하위개념이었다. 과학과 철학은 경험적이고 구체적인 세계를 점점 더 이론적이고 추상적인 세계로 끌어올리는 이성과 지성 또는 정신의 활동으로 이해되었다. 그래서 고대 그리스인들은 이론적 성취물을 실제적인 목적에 응용하는 데에는 별반 관심이 없었다. 영원히 불변하고 부동하는 이데아를 강조하는 정신적 풍조 때문에 고대 그리스인들은 사물의 운동을 가상에 지나지 않는 것으로 보았다. 또한 고대 그리스인들에게는

지스몬디의 로마제국 시대의 로마시를 상상해 만든 모형.
가장 큰 건축물들인 콜로세움과 대경마장 사이에 있는 부분이 팔라티노 언덕과 로마
공회장이다. 실용성이 돋보이는 도시계획이다.

실험이 중요한 역할을 하지 않았는데, 이 역시 우리의 감각기관으로 확인할 수 있는 사물의 운동인 실험을 가상의 세계로 보았기 때문이다.[10] 그들은 실험이 조화롭고 균형 있고 중용의 상태인 자연의 질서를 혼란스럽게 만들고 자연을 속인다고 생각했다.

한편, 관조적이고 이론적인 그리스와는 달리 로마는 실용성을 강조했다. 대규모 토목·건축 기술, 법 기술의 발전과 같은 것이 바로 로마의 실용정신의 산물이었다. 제정시대엔 산업 생산활동을 인정하는 사회적 분위기가 조성되기도 했다. 하지만, 로마시대에도 역시 기술은 독립적인 가치와 이상으로 격상되지 못했고, 기술혁신도 이뤄지기 힘

들었다. 기술혁신에 관심을 가지고 있던 사람들은 직접 생산활동에 참여한 노예들뿐이었다.

고대 그리스·로마 시대의 사람들이 기술에 대해 부정적이고 심지어 혐오적인 시각을 가지고 있었다. 그러나 신들은 인간의 기술이 발전하는 것을 어떤 힘으로도 막을 수 없었다. 마치 고대 이스라엘의 신 야훼가 호모 파베르(공작인) 카인의 제물을 받지 않고 그의 동생 호모 노마스(유목민) 아벨의 제물을 받았지만, 카인이 아벨을 죽이는 것을 무슨 힘으로도 막을 수 없었듯이 말이다.[11]

인간들은 처음에는 스스로의 힘과 능력에 의해서가 아니라 신의 힘을 빌렸다. 프로메테우스가 불을 훔쳐다 준 것이다. 그러자 제우스가 프로메테우스를 붙잡아 세상 끝에 묶어두고 독수리에게 매일 간을 쪼아 먹히는 벌을 내렸다. 하지만, 프로메테우스는 근대라는 세계에서 부활하여 스스로의 힘과 능력으로 기술을 발전시키게 된다. 이제 그는 신들이 창조한 세상의 질서를 바꾸어 놓는 존재가 되었던 것이다. 근대의 프로메테우스는 다름 아닌 파우스트(Faust)이다. 그는 신마저 떠나보내고, 자기 자신이 그 자리에 섰다. 이제 파우스트를 프로메테우스처럼 벌줄 수 있는 신은 더 이상 없다.

제4장

중세시대
기도하고 노동하라

제4장
중세시대
기도하고 노동하라

서구의 중세는 일반적으로 암흑시대로 알려져 있다. 중세에는 고대 그리스·로마의 위대하고 찬란한 문화적 유산이 파괴되고 망각되었고, 인간 삶과 행위의 모든 영역은 철저하게 기독교에 의해 지배되면서 인간과 개인은 억압되고 말살되었다. 사회적 발전은 정체되었고, 농노들은 봉건영주들에 의해 착취당했으며, 기독교 예술을 제외한 문화는 전반적으로 침체되고 퇴보했다. 이 모든 부정적인 이미지를 한마디로 줄인 말이 바로 암흑시대다. 그래서 중세의 기술 또한 암흑에 둘러싸여 있었을 것이라고 생각하는 게 일반적이다.[1]

하지만, 여러 분야의 연구가 축적되면서 중세를 암흑시대로 간주하는 시각에서 서서히 벗어나고 있다. 서구 중세는 일반적으로 생각하는 것과는 정반대로 매우 활기차고 다이내믹한 시대로서, 여러 분야에서 나름대로의 독특한 발전을 이룩했으며, 중세 이후의 시대가 발전하는 데에도 상당히 기여한 사실이 밝혀지고 있다. 기술의 영역도 마찬가지

마녀사냥.
중세시대 교회의 대표적인 권력 수단 중 하나가 마녀사냥이다. 횃불을 들고 어둠을 걷으려는 자들은 불로 다스려졌다. 하지만, 이런 암흑시대에도 다양한 기술들이 실현되었다.

다. 농업과 수공업에서 여러 가지 기술혁신이 이루어졌다. 수차(물레방아)나 풍차(바람방아)와 같이 자연의 힘을 에너지원으로 본격적으로 사용한 시기도 중세이며, 기계화가 본격적으로 진행된 시기 또한 중세이다. 후일 산업혁명의 기초가 되는 기술은 중세 시대에 토대가 다져졌다.

중세에는 다음과 같은 다양한 기술이 실현되었다.

1. 농업 영역: 삼포식 경작, 이회토(泥灰土)의 시비, 중(重, 무거운) 쟁기.
2. 육상교통 영역: 말의 어깨걸이, 못으로 박는 편자, 현대식 안장, 말이나 소를 세로로 연결하여 끌게 하는 것, 포장도로, 앞열이 움직이는 짐수레.
3. 해상수송 영역: 선미재의 키, 나침반, 다양한 항해기구들, 지도의 발달.
4. 에너지 생산 영역: 회전날개로 된 방아, 조수를 이용한 수력방아, 일반적으로 수력 바퀴에 도입된 다양한 완성품들.
5. 야금술: 동력학과 화학, 제철소 그리고 그 결과로 나온 주철, 구동축과 크랭크 시스템, 캠축, 분동시계, 포도주 증류로 얻어진 술, 강산(황산과 질산).
6. 기타: 손수레, 안경, 도르래, 망원경, 대포, 강철, 활, 종이, 복식부기 등등.[2]

이러한 기술들은 연금술사나 마술사 같은 주변인들의 작품이 결코 아니었다. 이 모든 기술적 발전과 혁신에 있어 베네딕트파와 시토파와 같은 수도회들이 결정적인 역할을 수행했다.[3]

서구의 중세는 기독교가 인간의 삶을 속속들이 지배한 시기였고 교회와 수도원이 세상만물의 중심이었다. 중세인들은 현세의 삶을 천국이나 지옥으로 가는 과정이라고 확고히 믿고 있었다. 현세의 삶은 단지 순례여행에 지나지 않는 것이었다. 기술 역시 기독교의 영향으로부

컴퍼스를 들고 세상을 짓는 신.

터 자유로울 수는 없었다. 하지만, 기독교는 노동과 기술에 긍정적인 의미와 가치를 부여했고, 수도원과 교회는 기술발전의 중요하고도 실제적인 주체 가운데 하나였다.

기독교 교리의 핵심이자 출발점은 창조신이다. 신은 이 세상의 만물을 창조하고 이 세상에 질서를 부여한 존재이다. 중세에는 '엔지니어'의 상징인 손에 컴퍼스를 든 건축가로 신을 표현하기도 했다. 이 세상에 존재하는 모든 것은 신의 의지와 섭리를 따르는 신의 피조물이기 때문에 신의 질서 안에서 일정한 위치와 의미를 지닌다. 그 어느 것도 무가치하지 않은 것이다.

기독교의 가르침에 의하면, "진정한 섭리는 '부분으로서의 부분들의 선을 원하고, 우주를 각자의 몫이 그 자체로서 취해졌을 때 적당한, 그러한 방식으로 다스린다.' 모든 피조물은 자신의 행위에 의해 창조의 계획 속에 등록되어 있다. 따라서 모든 인간적 활동은 당연히 도덕적 차원을 가지며, 그것이 합리적인 만큼, 즉 이성이 원하는 질서에 적합한 만큼 사실상 좋은 것이다."[4]

기독교는 신이 자신의 형상을 따라 인간의 형상을 만들고 그의 생기를 불어넣어 생명을 주었다고 가르친다. 구약의 「창세기」를 보면, "하나님이 자기 형상 곧 하나님의 형상대로 사람을 창조하시되 남자와 여자를 창조하시고"라는 구절과[5] "여호와 하나님이 흙으로 사람을 지으시고 생기(生氣)를 그 코에 불어 넣으시니 사람이 생령(生靈)이 된지라"라는 구절이 나온다.[6] 그래서 인간은 모두 존엄하고 그가 하는 일 가운데 그 어느 것도 인간의 가치와 품위를 손상시키지 않는다. 아니 모든 인간의 활동과 노동은 신의 은총이며, 인간은 이를 통해 신에게 봉사한다.

노동은 인간의 타락에 대한 속죄의 방편이기도 하다. 신은 선악과를 먹은 아담에게 "네가 얼굴에 땀이 흘러야 식물을 먹고 필경은 흙으로 돌아가리니 그 속에서 네가 취함을 입었음이라. 너는 흙이니 흙으로 돌아갈 것이니라"[7]라고 말한 다음, "그 사람을 에덴동산에서 내어 보내어 그의 근본 된 토지를 갈게"[8]했다. 노동은 신이 인간에게 부여한 매우 중요한 임무인 것이다.

기독교는 자연관에도 커다란 변화를 가져왔다. 자연에 영혼을 부여하던 애니미즘이나 다신교와 달리, 기독교는 자연은 신이 준 것이기 때문에 인간이 적극적으로 이용하고 관리할 수 있다는 자연관을 설파했다. 삼림, 늪 그리고 강과 같은 자연에는 인간의 의식과 행위를 호도할 수 있는 신들이 더 이상 존재하지 않게 되었다.[9] 이로써 의식적이고 체계적으로 자연을 변형하고 가공하며 새로운 것을 창조하는 인간의 행위가 종교적·이념적으로 합리화되고 정당화되었다. 이를 위한 기술적 수단과 방법을 적극적으로 개발하고 발전시키는 활동 역시 합리화되고 정당화되었음은 물론이다.

기도하고 노동하라.
중세에는 노동이 기도의 한 형식으로 간주되었고, 수도원에서는 노동과 신앙의 결합이 구현되었다.

서구 중세에는 노동이 기도의 한 형식으로 간주되었으며, "기도하고 노동하라(ora et labora)"는 슬로건이 말해주듯이 노동은 기도와 병치되기도 했다.[10] 중세인들은 평일엔 직업과 노동에 종사하고 주일엔 의무적으로 교회에 나가서 기도를 했다. 마치 6일간의 '노동'을 통해 천지를 창조하고 7일째 되는 날 안식을 취한 자신들의 창조주처럼 말이다.

이 같은 노동과 신앙의 결합이 가장 전형적으로 구현된 곳은 수도원이다. 중세의 수도원은 자급자족을 원칙으로 하는 신앙 공동체였기 때문에 노동을 필요로 했을 뿐만 아니라 장려했다. "일하지 않는 자는 먹지도 말라!"는 사도 바울의 정신이 중세 수도원을 지배하고 있었다. 수도승들의 일과는 노동과 기도로 이루어져 있었다. 노동은 경제적인 목적 이외에도 게으름과 나태를 방지해 주는 효과가 있었다.

물론 노동이 그 자체로 수도원의 궁극적인 목적이 될 수는 없었다. 그것은 어디까지나 기도와 신앙을 위한 수단에 지나지 않았다. 기도, 예배 또는 독서와 같은 정신적이고 관조적인 삶이 농업이나 수공업과 같은 육체적이고 활동적인 삶에 비해서 우위를 차지할 수밖에 없었다.[11] 그래서 수도승들의 노동은 비교적 간단하고 수월한 것에 한정되어 있었고, 힘든 일은 평신도들이나 수도원에 소속된 농노들이 맡았다.[12]

이런 수도원의 태도는 노동이 궁극적인 목적이나 가장 고귀한 것이 되게 할 수는 없었지만, 그래도 신의 질서 속에서 의미 있고 가치 있는 것으로 평가받도록 만들었다. 중세의 기술은 고대에서와 같이 정치와 철학의 영역에서 철저하게 배제된 노예가 담당하는 천박하고 무가치한 것이 아니라 인간적인 삶과 신앙의 일부분이었다. 이런 수도원의 노동관과 기술관은 기독교의 지배를 받던 중세인들에게 광범위하게 전파되어 기술의 발전과 혁신에 결정적인 영향을 미쳤다.

수도원은 자급자족을 위해 제분, 광산, 제철, 염전, 방직, 양조, 건축 등 다양한 수공업에 종사했다. 도시가 발전하기 이전에는 수도원이 농촌의 장원과 더불어 수공업의 중심지 역할을 했다. 마치 '다국적 기업'처럼 전 유럽에 걸쳐 네트워크를 형성하고 있던 여러 교단의 수도원들은 자신들이 축적한 방대한 지식과 기술을 서로 교환하기도 했으며 여러 가지 새로운 지식과 기술을 개발하여 네트워크를 통해 전파하기도 했다.[13] 수도원과 교회 건물의 건축, 그리고 거기에 필요한 종교적 장식품, 악기, 도구 및 장비의 제작은 중세의 기술을 이끄는 견인차 역할을 했다. "중세의 기술은 주로 교회에 봉사하는 일에서 찬란한 작품을 만들어 냈다."[14]

중세의 수도원은 다른 측면에서도 매우 중요한 역할을 수행했다.

"수도원은 대지주였으며, 또한 동시에 일종의 은행으로 기능했다. 신자들은 풍년이 들면 수도원에 기부를 했고, 그 반대로 흉년이 들거나 전염병이나 다른 재앙이 닥치면 수도원의 구호활동에 의존했다. 수도원은 개간사업과 제방공사에서 주도권을 쥐고 있었다. 또한 각개 수도원들은 해당 지역에 가장 적합한 농산물에 집중함으로써, 지방이나 국가에 따른 생산의 전문화에 결정적인 기여를 했다. 이는 토지와 생산물에 대한 지식 이외에도 전문화의 조직에 대한 지식을 포괄했다. 예컨대 영국의 많은 지역은 목양(牧羊)에 집중했다. 그리하여 많은 양모가 생산되었고, 모직공업의 발전으로 연결되었다. 프랑스와 독일의 남부지역에서는 포도를 재배하고 포도주를 생산했다. 다른 지역에서는 곡물을 재배하거나 금속을 채굴했다. 교육과 병약자를 돌보는 것 또한 수도원의 중요한 임무에 속했다."[15]

영화촬영장 같은 중세의 도시.
유럽에서 가장 잘 보존된 중세의 도시인 카르가손의 요새 도시.

서구 중세의 기술발전을 이야기할 때 빼놓을 수 없는 것이 도시이다. 당시의 도시는 성곽으로 둘러싸인 자치조직으로서 시민들로 구성된 자체의 군대를 거느리고 있었다. 주민들은 자유인들이었다. 도시에는 주민들이 거주하는 주택들이 촘촘히 들어서 있었고, 자유로이 상거래를 하는 시장과 자율적으로 정치 토론과 의사결정을 하는 시청이 있었으며, 교회가 있었다. 시장과 시청 그리고 교회는 중세 도시의 독립성과 자율성이 구현된 구조물이었다.

중세에만 도시가 있었던 것은 아니다. 고대에도 있었다. 하지만, 이 둘 사이에는 근본적인 차이가 존재한다. 고대의 도시가 군사도시였다면 중세의 도시는 경제도시였다. 고대 그리스의 도시국가에도 시장과 화폐 등 경제적인 요소들이 존재했다. 하지만, 중세에서와 같이 상인과 수공업자들이 지배하는 경제도시로 발전하지는 않았다. 고대의 도시국가는 외부의 군사적 위협에 대처하기 위해 건설되었다. 도시국가는 "시민군의 원칙에 따라서 군사적 훈련을 시킬 수 있는 유일한 방법"으로 간주되었던 것이다.[16] 고대의 도시는 어디까지나 군사적 이해가 지배하는 전사들과 정치인들의 도시였다. 이와는 달리 중세의 도시는 애초부터 상인과 수공업자들의 경제도시였다. '호모 외코노미쿠스(homo oeconomicus)', 곧 경제인간의 일과 삶의 공간이었다.

중세 시대의 상업과 수공업은 길드라는 독특한 조직에 의하여 운영되었다. 원래는 상인 길드만 존재했는데, 점차로 수공업자 길드도 생겨났다. 길드는 일종의 동업조합으로, 거의 모든 직종에서 형성되었다. 여러 단계의 공정을 거치는 수공업의 경우, 각 공정에 종사하는 장인들이 독립된 길드를 구성하기도 했다. 방직산업의 경우가 대표적이다. 이를 통해 중세의 산업이 도시를 중심으로 고도로 분화되고 전문화되었다는 사실을 알 수 있다.

도시국가의 영역에서 노동과 기술을 배제하는 고대 그리스의 철학과 달리 중세의 신학은 노동(직무)과 기술을 도시의 구성요소로 간주했다. 예컨대 이탈리아 파두아의 신학자이자 정치이론가인 마르실리우스(Marsile de Padue, 1275~1343)는 도시 상인의 윤리에 대해 다음과 같이 주장한 적이 있다.

> "충족한 방식으로 살기를 원하는 사람들에게는 다양한 것들이 필요하고, 그것들은 한 가지 직무를 가진 인간들이 충족시켜 줄 수 없기 때문에, 생활의 충족에 필요한 다양한 것들을 경영하고 마련하는

교환을 위해 다양한 분야의 인간들과 직무들이 필요하였다. 이러한 다양한 분야들 또는 직무들은 그 복수성과 기능 분화에 비추어볼 때 도시의 다른 부분들과는 완전히 다른 것은 아니다."[17]

도시에서 가장 중요한 것은 교회였기 때문에 믿을 수 없을 정도로 교회 건물이 많았다. 1200년경 런던에는 120개의 교회 건물이 있었을 정도이다. 교회는 도시와 도시의 힘과 정신을 자랑하고 상징하는 건축물이었다.[18] 도시민들은 도시 밖 멀리에서도 눈에 띄도록 교회의 첨탑이 더욱 높이 올라가기를 염원했고, 교회 내부가 좀 더 밝기를 염원했다. 그들은 이전의 수도원 건축에 주로 이용되었던 작고 낮으며 음침한 로마네스크 양식을 대체할 새로운 건축양식을 염원했다.

이러한 염원은 일련의 건축기술의 혁신을 거치며 고딕 양식을 탄생시켰다. 12세기 중엽의 일이다. 고딕 양식은 보(서까래)로 지탱되는 궁륭(穹窿 ribbed vault)과 뾰족한 아치(pointed arch)라는 기술혁신을 가져왔다. 또한 다채로운 조각으로 교회 건물을 장식했고, 다양한 색채의 그림을 담은 스테인드글라스는 교회의 내부를 밝게 해주었다. 조각과 창유리에 담긴 색과 그림은 대부분이 문맹자들인 중세인들에게 기독교의 교리와 생활을 알리는 기능을 수행했다. 고딕 양식은 다른 예술에도 커다란 영향을 미쳤다. 건축에 나타난 아름다운 고딕풍 곡선은 13세기에 이르러 조각과 회화 및 융단예술 등 모든 조형예술을 지배하게 되었으며, 심지어 글자체까지 고딕풍에 물들게 되었다.[19]

고딕 양식은 비단 교회 건물에만 적용된 것이 아니다. 도시의 공공

고딕 양식의 걸작이라 불리는 프랑스의 노트르담 대성당.

건물과 주민들을 위한 일반 주택의 건축에도 광범위하게 적용되었다. 고딕은 도시민들의 건축양식이 되었던 것이다.[20] 로마네스크가 농촌 봉건영주들의 건축양식이었던 것처럼 말이다. 지금도 유럽 곳곳에서 고딕 양식의 교회와 일반 건축물을 만나볼 수 있다.

모든 것은 상업과 무역 그리고 수공업을 통해 도시가 경제적으로 부유해졌기 때문에 가능했다. 도시민들의 경제적 성공과 종교적 염원이 결합되어 고딕 양식이라는 서구 중세의 가장 위대한 예술적 업적이 탄생한 것이다. 고딕 양식의 교회는 중세적 세계(관)의 축소판이라는 점에서 매우 커다란 의미를 지닌다.[21] 도시적 건축양식을 통해 중세적 보편성이 예술적·기술적으로 표현되었기 때문이다.

서구 중세는 암흑시대가 아니라 여러 가지 분야에서 기술적 발전과 혁신이 일어난 시대이다. 수력과 풍력은 부분적으로나마 인간의 노동력을 대체했고 여러 생산과정에서 기계화가 진행되었다. 이것은 산업혁명의 초석이 된다.

서구 중세가 지니는 역사적 의의는 거기서 멈추지 않는다. 왜냐하면 합리적인 서구 근대 자본주의는 바로 중세 도시라는 토양에서 성장했기 때문이다. 근대 자본주의를 구성하는 중요한 요소로는 시장, 시민계층 및 자유노동을 꼽을 수 있는데,[22] 이것은 다름 아닌 중세 도시의 상업과 수공업 조직에서 연유했다. 또한 복식부기 역시 중세 말에 이탈리아의 수도승에 의해서 도입되었다. 복식부기는 개인과 기업이 엄밀하고 객관적인 수학적 원리와 언어를 통해 경제행위를 체계적으로 조직하고 영위할 수 있게 했다.

게다가 중세 도시에서 대학이 처음 발생했다는 역사적 사실을 첨가한다면, 중세는 암흑시대라는 명제는 완전히 근거를 잃게 된다. 누군가가 말했듯이, 중세가 암흑시대라고 불리곤 했던 것은 얄궂은 일이 아닐 수 없다. 그 시대는 "과학에서, 예술에서, 그리고 예배의식에서, 전 문명이 빛에 매료되어 있었던 것이다."[23] 이 빛에 매료된 문명이 바로 근대가 싹트게 되는 비옥한 토양이었다.

제5장

르네상스
아담아, 네가 원하는 모습을 만들지어다

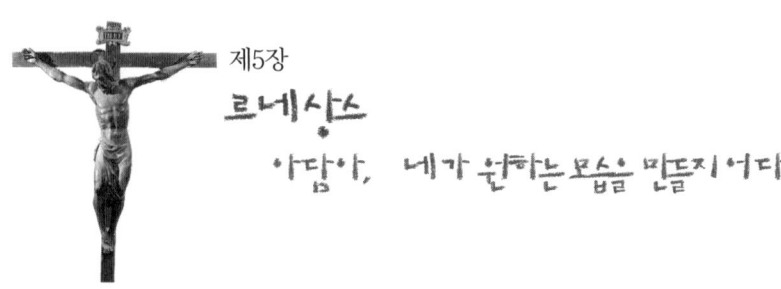

제5장
르네상스
아담아, 네가 원하는 모습을 만들지어다

일반적으로 16세기를 가리켜 르네상스 시대라고 부른다. 르네상스(Renaissance)는 '재생'을 의미하는 라틴어이다. 이 말은 단순히 죽은 것이 부활하거나 재탄생하는 것, 이미 가버린 것이 다시 돌아오는 것을 가리키지 않는다. 그 말 안에는 새로운 기반 위에서 새로 출발한다는 뜻이 담겨 있다. 부활하거나 재탄생하더라도 더 높은 수준과 차원에서 그렇다는 것이다. 재생은 갱생으로 이해할 수 있다. 마치 인간이 신앙을 통해 새 생명으로 다시 태어나 더 나은 삶을 시작하듯이 말이다.[1]

15세기 후반을 르네상스의 기점으로 잡는 경우가 있다. 오스만 터키에 의해 수도인 콘스탄티노플이 함락되면서 동로마 제국(비잔틴 제국이라고도 함)이 멸망한 1453년을 그 기점으로 보는 것이다. 당시 많은 지식인들이 서부 유럽으로 피신했는데, 그들은 동로마 제국에 보존되어 있던 풍부한 고전문화를 전해주었다. 문예부흥의 중요한 단초가 제

보티첼리의 〈봄〉.
그는 이탈리아 초기 르네상스를 이끌어온 화가로 피렌체파의 조형적 전통에 영향을 받았으며, 고딕이나 시에나파의 양식에서 그의 재능이 기인한다. 미묘한 선의 취급과 감상적인 시정을 담은 독자적인 미술의 경지를 보여 준다.

공된 셈이다. 그리고 로렌초 데 메디치(Lorenzo de Medici, 1448~1492)가 예술을 후원한 시기(1469~1492)를 그 기점으로 보기도 한다. 메디치가의 후원이 없었다면 피렌체의 르네상스는 상상할 수 없을 것이다. 콜럼버스의 신대륙 발견과 더불어 르네상스가 시작되었다고 보는 사람들도 있다. 신대륙 발견을 위시한 지리상의 대발견은 당시의 세계관을 뒤흔들어 놓았다. 그 밖에도 여러 가지 역사적 사실을 근거로 16세기 초반을 르네상스의 기원으로 잡기도 한다.

한편 르네상스 시대는 앙리4세(Henri IV, 1553~1610)의 통치기와 함께 끝났다고 보는 견해가 있다. 그 이후로는 루이13세(Louis XIII,

1601~1643)의 치세와 더불어 고전주의의 세기가 열렸다는 것이다.[2]

이러한 시각은 특정한 역사적 사건이나 인물과 결부시켜서 한 시대의 시작과 끝을 정의하는 방식이다. 그런데 이런 방식은 많은 문제를 안고 있다. 유럽의 각 나라마다 그 시기가 서로 다르다. 르네상스는 유럽의 모든 나라에서 동시에 시작된 것이 아니라, 이탈리아에서 시작되어 북쪽으로 전파되었다. 이탈리아 14세기 초반까지 거슬러 올라가기도 한다. 흔히 '마지막 중세인'으로 불리는 단테의 『신곡』은 1310년대에, 그리고 르네상스 인본주의의 토대를 마련했다고 평가받는 보카치오의 『데카메론』은 1353년에 쓰였다. 르네상스를 이야기할 때 절대 빼놓을 수 없는 미술의 역사에서도 본격적으로 르네상스가 시작되기 전인 14세기를 전기 르네상스로 구분하기도 한다. 이 시기에는 비록 아직도 중세의 고딕 양식이 많이 남아 있었지만, 이미 시에나, 피렌체 및 베네치아 등지에서 르네상스의 미술이 싹트기 시작했다. 또한 대학에서도 이미 15세기 이전에 고대를 재발견하고 인본주의를 가르쳤다.

르네상스는 14세기부터 서서히 시작해서 15세기 말과 16세기 초에 본격화되었고 16세기 중반에 전성기를 구가했으며, 16세기 말경까지 지속되었다고 볼 수 있다. 그 후에도 르네상스의 정신은 16세기의 종교개혁과 17세기의 과학혁명 그리고 18세기의 계몽주의로 이어진다. 이처럼 르네상스는 근대의 기원이 되었고 근대의 자양분이 되었다.

르네상스에 대한 논의에서 중요한 것은 르네상스가 정확하게 언제 시작해서 언제 끝났는가 하는 문제가 아니다. 그보다는 중세와 뚜렷이 구분되는 르네상스의 정신과 특성은 무엇인가, 그리고 이것을 통해

15~16세기의 역사를 어떻게 이해하고 설명할 것인가 하는 문제가 중요하다. 또한 그 이후의 시대에 대해 르네상스가 어떠한 문화의의(막스 베버)를 지니는가를 파악하는 것이 중요하다.

그렇다면 도대체 무엇이 재생한다는 말인가?

고대 그리스·로마의 문화와 예술의 재생이다. 그러나 단순히 고전시대를 그대로 답습하거나 모방하는 데 그치는 게 아니었다. 르네상스는 문학·예술·종교·철학·과학 및 기술 등 다방면에 걸쳐 중세나 고대와 뚜렷이 구분되는 진정 새로운 역사적 시기였다. 르네상스는 인간과 자연 및 세계를 재발견한 시대이며, 또한 인본주의와 개인주의의

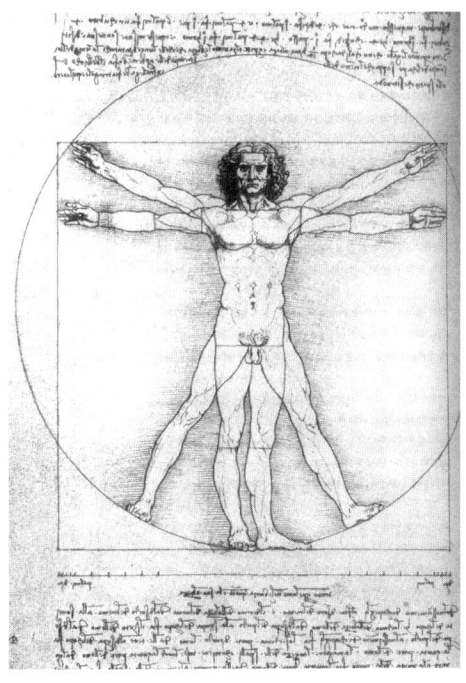

르네상스 시기의 대표적 인물인 레오나르도 다빈치의 〈아름다운 비율〉.
그는 화가이자 기술자요 철학자였다. 로마의 비트루비우스의 이론에 입각하여 인간의 이상적인 비율을 알리려는 그의 노력은 1498년 인본주의의 중심 주체인 보편인으로 나타났다.

시대이자 부르주아지의 시대 또는 시민계층의 시대였다. 르네상스는 종교개혁과 계몽사상의 시원이 되었다. 근대의 기원이 되는 셈이다. 고전시대의 부흥은 르네상스의 목적과 가치가 아니었다. 근대라는 새로운 시대를 열기 위한 수단과 재료였던 것이다.

르네상스는 중세 말기의 경제적 여건 및 사회적 요소 그리고 종교적 상황과 밀접한 관계 속에서 살펴보아야 한다. 중세의 도시들은 길드라는 동업조합으로 조직된 수공업과 상업을 통해 부를 축적했다. 대략 13세기부터 점차 산업이 집중되고 자본이 축적되면서 가내 수공업이 공장제 수공업인 매뉴팩처로 전환되었다. 거대공장이 작업장으로 등장한 것이다. 이와 더불어 서서히 상업자본주의가 형성되었으며, 이미 15~16세기에는 "세련된 자본주의"라고 부를 만한 사회적 현실이 나타났다. 이제 길드 내의 부르주아지가 아니라 대상인, 기업가, 은행가, 법률가 및 관료 등으로 구성된 새로운 형태의 부르주아지가 도시와 국가의 패권과 권위를 차지하게 되었다. 이들 신흥 부르주아지는 "예술, 과학, 철학을 피상적인 장식물이 아니라 행동과 권력의 보충수단으로 간주했다. 사상가들과 예술가들은 부유한 고객들의 환영을 받았다. 이 고객들은 자신의 경쟁자들을 눌러 이기려는 욕구가 강한 사람들이었다. 이들은 개인적인 능력을 존중했는데, 그들 자신이 개인적인 능력을 통해 성공한 사람들이었기 때문이다." 게다가 중세 말기에 이르면 국왕의 권력과 권위가 커지면서 기독교 세력은 그만큼 약해질 수밖에 없었다. 국왕이 사제 임명권을 요구하거나, 또는 실제로 임명권을 갖게 되었다. 농노제가 폐지되면서 농민들은 교회의 지배로부터 해방되

어 자유를 획득했고, 조세를 면제받거나 감면받았다.[3]

르네상스는 부르주아지의 시대이자 인간의 자유와 개성 및 개인의 상상력과 독창성 및 창조성을 중시하는 개인주의의 시대였다. 교회나 사회 또는 집단을 개인보다 우선시하는 집단주의의 시대는 가버린 것이다. 인간의 사고와 행위의 중심에 위치하던 신과 신앙은 인간과 이성에 자리를 내어주게 되었다. 신 중심의 세계관에서 인간 중심의 세계관, 곧 인본주의 또는 인문주의(人文主義; humanism)가 탄생했던 것이다. 인본주의자들의 생각에 따르면, 인간은 단지 신을 위해 존재하는 피조물이 아니며 죄에 물든 존재가 아니었다. 이 세상에서의 삶이 그저 저 세상에서의 삶을 위해 존재하는 것도 아니었다. 인간은 신이 자신을 실현하도록 창조한 피조물이며 그 자체로 가치가 있고 의미가 있는 존재였고, 이 세상에서의 삶을 긍정하고 기뻐하며 즐길 수 있는 존재였던 것이다.

1486년에 조반니 피코 델라 미란돌라는 『인간의 존엄성에 관하여』라는 글에서 다음과 같이 쓴 적이 있다.

> "아담아, 나는 너를 세상의 중심에 세웠노라. 거기서 네가 이 세상에 있는 모든 것을 관찰할 수 있도록 하기 위해서이니라. 너는 천상의 존재도 아니고 지상의 존재도 아니며 필멸하지도 불멸하지도 않도록 만들어졌다. 너 자신을 실현하고 창안하는 자로서 네 자유의 존엄성으로부터 네가 원하는 모습을 만들어 내도록 하기 위해서이다. 너는 짐승처럼 저차원의 세계로 전락할 수도 있고 의연한 정신으로

고차원의 세계에서 다시 태어나 신 같은 존재로 드높아질 수도 있다."[4]

르네상스 시대의 정신적 기조인 개인주의는 레오나르도 다빈치(Leonard da Vinci)의 〈최후의 만찬〉과 같이 르네상스 미술을 대표하는 걸작에도 잘 나타나 있다.

레오나르도 다빈치의 〈최후의 만찬〉은 밀라노의 통치자인 루도비코 스포르차 공작의 주문에 따라 '산타 마리아 델레 그라치에(Santa Maria delle Grazie; 은총의 성모)'라는 교회 식당의 북쪽 벽에 그려진 그림이다. 그 맞은편인 남쪽 벽에는 도나토 몬토르파노(Donato

레오나르도 다빈치.

Montorfano)라는 화가의 〈십자가의 처형〉이라는 그림이 그려져 있다. 다빈치의 벽화는 예수가 십자가에 못 박혀 죽기 전날 밤 열두 제자들과 가진 최후의 만찬을 주제로 하고 있다. 예수가 제자들을 향해 "너희들 가운데 하나가 나를 배신할지어다"라는 충격적인 말을 던졌을 때 제자들이 보이는 반응의 순간을 화폭에 담았다.

다빈치가 그린 벽화 속에는 총 13명의 인물이 등장한다. 이 같은 군상은 사실 새로운 것이 아니다. 그 이전에도 이미 조토(Giotto di Bondone, 1267~1337)와 두초(Duccio di Buoninsegna, 13세기 중엽~1318)와 같은 화가가 "여러 사람들이 공동으로 주는 집단적인 자극을 예술적으로 표현한 적이 있기 때문이다.[5] 그렇지만 그들의 작품에서는 등장인물들이 이른바 익명에 머물러 있고, 특정한 정서를 몰아적(沒我的)으로 표현하는 도구에 지나지 않으며, 또한 분위기와 정열의 보편개념을 구체적으로 표현하는 단순한 실례에 불과하다." 이에 반하여 다빈치의 작품에서는 "최초로 많은 사람들이 동시에 등장하면서도 동시에 그들 각자의 특별한 존재가 가장 강렬하고 가장 완벽하게 표현되었다."

"다빈치의 〈최후의 만찬〉은 유일무이하게 느껴지는 가장 심오한 인격을 표현하고 있다. 이는 사실 그 이전에는 성취된 적이 없는 업적이다. 무언가 자명한 것같이 보이는 것이 여기서는 경이로운 것으로 나타난다. 외적인 사건이-다시 말해 '너희들 가운데 하나가 나를 배신할지어다' 라고 하는 예수의 말이-완전히 상이한 여러 사람들에게 다가와서는 그들 모두로 하여금 자기 자신만의 개인적 특성을 완전히 발현시키고 계시토록 하는 동인이 된다. 여기에 표현된 과정은 등장인물 모두가 각자 자기 자신의 고유하고 유일한 특성을 드러내도록 구성되어 있다. 여기에서 최초로 군상의 개인들이 완벽한 내적 자유를 달성했다. 르네상스는 바로 이 같은 자유와 더불어서 인간에 대한 중세적인 속박을 극복하고 근대에 슬로건을 부여했다. 이제 세계 전체와 그 안에서 진행되는 모든 사건은 자유를 위해서는 단지 하나의 수단에 불과하고, 자아로 하여금 자기 자신에게로 회귀토록 하는 하나의 자극에 지나지 않는다. 외적인 힘들에 의해서 야기된 순간적인 자극과 인간의 지속적 특성 사이에 존재하는 긴장은 이 그림에서 마치 한 차원 더 높은 통일성에 의해서 해결된 것으로 보인다. 개인의 고유한 존재는 외적인 자극을 통해서 자유로이 외부로 유출된다. 결국 이 같은 통로를 통해서 육체적 현상은 무한히 다양한 기질들, 정신적 가치들 그리고 가장 심층적인 존재의 근거들을 하나도 남김없이 계시하게 된다.

······

다빈치의 〈최후의 만찬〉은 인간 삶의 우연성을 극복하는 예술의 이러한 조화들에 덧붙여 또 하나의 새로운 조화를 창출해 냈다. 그것은 예수의 말에서 기원하고 다시 거기로 회귀하는 엄청난 운명이 제자들에게 작용하지만, 더 이상 동일한 감정이나 표현 방식을 제자들에게 강요하지 않는 데서 나타나는 조화이다. 오히려 제자들에게 그러한 운명은 마치 각자의 인격에 따라 다른 방식으로 작용하는 것처

레오나르도 다빈치, 〈최후의 만찬〉.

럼 보이며, 또한 각자는 공통적인 운명을 체험함으로써 비로소 전적으로 고유한 자신의 인격을 남김없이 드러내기라도 하는 것처럼 보인다.

그러므로 이 그림에서는(아마도 같은 수의 사람들이 등장하는 그림 중에는 유일한 경우일 것이다) 단 한 사람의 조연(助演)도 존재하지 않는다. 어떤 사람의 가장 심층적이고 전체적인 본질이 나타나는 경우에 그는 더 이상 조연이 될 수 없다. 조연의 의미는 언제나 단지 자기 존재의 일부분만이 예술 작품에 표현된다는 사실에 있다. 이에 반해서 주연들은 예술 작품이라는 경계 안에 자기 존재의 모든 것을 집약적으로 나타낸다. 다빈치의 작품은 현대 사회가 어떻게 성립하고 존속하느냐의 문제를 — 개별적으로 완전히 상이하며 동시에 동등한 권리를 지닌 인격체들로부터 어떻게 유기적인 폐쇄성과 통일성이 형성될 수 있을까 하는 문제는 — 예술을 통해, 즉 '그림 안에서' 벌써 해결한 셈이다."[6]

기존의 봉건적이고 종교적인 사회적 관계, 질서 및 권위로부터 인간을 해방시키고자 하는 르네상스의 인본주의는 자연히 그리스와 로마 시대의 인본주의로 눈을 돌리게 된다. 르네상스에 대한 연구로 이름이 높은 스위스의 역사학자 야코프 부르크하르트(Jacob Burckhardt, 1818~1897)에 따르면, 르네상스 시대가 중세를 벗어나기 위해서는 "하나의 지도자가 필요했고 그 지도자로 나타난 것이 바로 모든 정신분야에서 객관적이고 자명한 진리를 풍부히 제공한 고전시대였다. 사람들은 고전시대의 형식과 소재를 감사와 경탄의 마음으로 받아들였다. 고대는 한동안 모든 교양의 핵심이 되었다."[7] 무엇보다도 예술작품을 보면 고전시대와 르네상스의 관계를 명백하게 알 수 있다. 고전시대의 영향을 받아 르네상스는 인간의 몸과 그 아름다움을 그리고 조각했다. 인간중심적 예술관과 미의식은 신중심의 중세에는 신성모독에 해당하는 죄로 감히 상상조차 할 수 없었던 것이다. 인본주의적인 성격의 그리스·로마 신화가 중요한 예술작품의 소재가 되었고, 기독교의 내용을 소재로 하는 경우에도 예술적 표현과 전달의 수단은 어디까지나 인간과 인간의 몸이었다. 이렇듯 르네상스는 고전시대의 '지도'를 받아

보티첼리, 〈비너스의 탄생〉.
신화를 주제로 그린 이 작품에서 비너스는 마리아의 신화적 해석이라고도 볼 수 있다.

인간을 발견했던 것이다.

그런데 여기서 중요한 점은 르네상스 시대의 인본주의는 그 지도자인 고대의 인본주의를 그대로 따른 것이 아니라는 사실이다. 아니 그로부터 한걸음 더 나아갔고 한 차원 더 높아졌다고 보는 것이 타당할 듯싶다. 고전시대의 인본주의는 개인주의라고 할 수 없다. 아리스토텔레스는 "인간은 정치적 동물이다"라는 명제를 내세워 개인들은 도시국가의 구성원이 됨으로써 진정한 인간이 될 수 있다고 강조했다. 그의 스승 플라톤은 사회계급들이 각자에게 부여된 기능과 역할을 수행하는 국가를 이상국가라고 보았다. 개인주의의 사상이 아니라 집단주의의 사상이다. 그는 한걸음 더 나아가 국가의 통치자들은 재산·부인·가족을 공유해야 한다는 주장을 펴기도 했다. 전체주의 사상이다. 한편, 고대 그리스는 조화와 절제 및 중용을 중시했다.

이에 반해 르네상스 시대에는 인간의 무한한 잠재력과 그 실현 가능성 및 개인의 완성에 커다란 의미와 가치를 부여했다. 천재가 이상적인 인간형으로 자리 잡았다. 아니 인간의 한계를 초월해서 신과 같은 존재가 되고자 했다. 마르실리오 피치노와 같은 인본주의자는 "너 자신을 인식하라, 오 인간의 모습을 한 신의 족속이여!"라고 외쳤다.[8] 이처럼 전혀 새로운 분위기와 풍토 속에서 수많은 다재다능한 인간들이 등장했으며, 레오나르도 다빈치와 같은 만능인 또는 보편천재도 있었다.[9] 그리고 르네상스 시대의 사람들은 관조적이고 철학적인 삶을 중시하는 고대 그리스인들과는 달리 행동적이고 실천적인 삶도 중시했다. 그래서 그들은 미술, 건축, 축성, 수로·운하 건설, 도시계획, 기계 제작, 전쟁기술, 인간의 해부 등 실로 다양한 분야에서 매우 뛰어난 업적을 남길 수 있었다. 기술을 인간과 자유민들의 공동체인 도시국가의 영역으로부터 배제한 그리스와는 전반대의 풍경이다.

흔히 르네상스 시대 사람들이 종교를 부정했다고 생각하기 십상이다. 하지만, 사실은 정반대이다. 그들은 새로운 시대에 걸맞게 새로운 시각에서 접근하고자 했다. 그들은 사제와 교회의 권위에서 해방되고, 주해와 해석에서 벗어나 직접 성경 텍스트로 돌아가고, 기독교를 통해

도나텔로, 〈십자가에 매달린 예수(목조)〉.
이탈리아 르네상스 건축양식의 창시자 중 한 사람인 브루넬레스키와 가까이 지내던 도나텔로는 이 작품을 그에게 보였는데, 이 작품을 본 브루넬레스키는 도나텔로에게 어떻게 십자가에 예수를 매달지 않고 농부를 매달았느냐고 했다고 한다. 이 작품에서 도나텔로가 보여주는 현실감을 충분히 전달받을 수 있다.

신과 직접 교통하기를 갈망했다. 이는 종교적 개인주의의 추구였고 부르주아지들의 종교적 욕구와 필요성의 표출이었던 것이다. 이러한 갈망과 추구는 16세기 루터와 칼뱅 등에 의한 종교개혁으로 결실을 보게 된다.

르네상스 시대에는 수공업자, 기술자, 예술가 및 과학자들이 "신성한 힘을 통해서 자연의 완성에 참여"한다는 주장이 있었다. 이 주장에 따르면, 그들은 넓고 깊은 의미에서 모두 '연금술사'이다. 기술적 창조는 "소우주인 인간이 신에게 명령받은" 것으로서 "대우주인 세계의 완성에 참여한다는 고귀한 의미를 지닌다." 자연은 "아주 섬세한 것이어서 위대한 기능이 가해지지 않으면 사용되기 싫어한다." 왜냐하면 그것은 "완성된 것은 아무것도 내놓지 않고, 인간이 그것을 완성해야 하기 때문이다. 이 완성은 연금술이다. 왜냐하면 연금술이란 빵을 굽는 제빵사이고, 포도주를 만드는 포도주업자이고, 천을 짜는 방직사이기 때문이다. 자연에서 인간에게 이용되기 위해서 자라는 것을 자연에 의해서 규정된 곳으로 보내는 사람, 그가 연금술사이다."[10] 이 같은 생각은 비록 모든 지식인들의 입장을 대변하는 것은 아니었지만, 기술자들과 그들의 활동에 커다란 의미를 부여한 것은 사실임에 틀림없다.

르네상스 시대에는 신 중심의 중세적 세계관에서 벗어나 자연과 인간에 대한 관심이 점차로 고조되었다. 더 이상 교조적이고 형식화된 철학이나 신학이 아니라 인간의 정신과 의식 그리고 실제적인 삶과 행위가 사물을 인식하는 근거가 되었다. 그리하여 과학과 예술 및 기술 그리고 수공업이 비약적으로 발전하게 되었다.

르네상스 시대의 기술이 보여주는 커다란 특징 가운데 하나는 기술이 예술 및 과학과 결합하게 되었다는 사실이다. 그리고 그 결합은 분업화되고 전문화된 여러 개인들이나 집단들 사이에서 일어나는 경우도 있었지만, 한 인물에게서 일어나는 경우도 많았다. 그래서 예술적인 기술자와 과학적인 예술가가 있었고, 학식 있는 수공업자와 실험하는 장인이 있었다. 레오나르도 다빈치 같은 천재가 대표적인 경우이다. 그는 걸출한 예술가이자 기술자였고 기계제작자이자 과학자였으며 해부학자이기도 했다. 그 밖에도 레오네 바티스타 알베르티와 필리포 부리넬리스키, 프란체스코 디 조르지오 마르티니와 같은 이름을 거론할 수 있다.

이러한 변화는 북부 이탈리아에서 먼저 일어났다. 다른 지역보다 경제적으로 발달한 그곳에서는 수공업과 관련된 직업이 급속하게 증가했고, 사회적으로나 지적으로 그 가치가 절상되었다. 결과적으로 예술가, 기술자 및 수공업자들 사이의 사회적 장벽이 낮아졌고 서로가 서로에게 배울 수 있었다. 레오나르도 다빈치는 인간과 자연을 미학적으로 표현하는 데에만 그치지 않고, 동시에 기술적으로 정확하게 구성하고자 시도했다. 이를 위해서는 인간과 자연에 대한 이론적 지식을 필요로 했고 관찰, 해부, 측정 등 과학적 방법에 의존할 수밖에 없었다. 다빈치는 "역학은 살아서 움직이는 모든 물체들 또한 법칙에 따라서 작동한다는 사실을 입증하기 때문에 고귀하며 또한 무엇보다도 유용하다"고 말했다.

르네상스는 수학적 원리와 방법을 기술에 적용해서 점차 그 완성도를 높여갔던 시기이다. 건축에 수학적 비례론을 도입하고 회화에 원근법적 구성을 도입한 경우가 대표적이다.[11] 또한 실험이라는 과학적 방법을 광범위하게 사용한 시기이기도 하다. 다빈치가 비행기, 낙하산 및 프로펠러를 설계하고 제작하기 위해 실험을 한 사실은 널리 알려져 있다.

르네상스 시대에는 온갖 종류의 기구와 기계장치가 발명·고안되

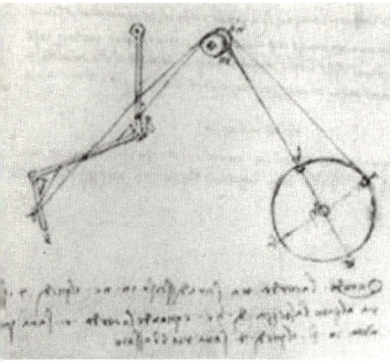
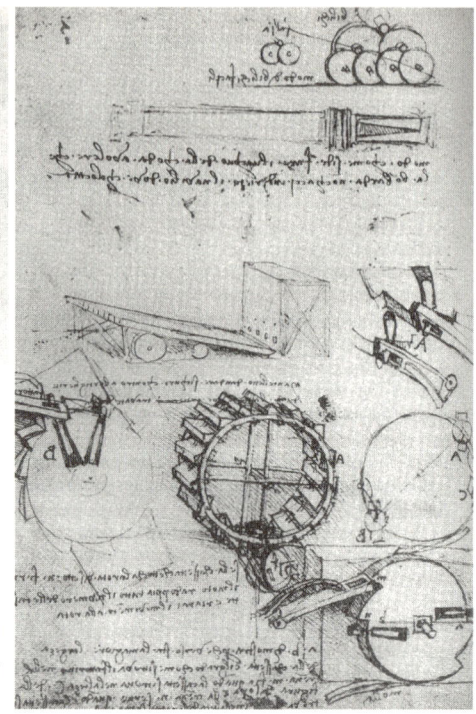

다빈치가 고안한 로봇 팔 스케치(왼쪽)와 사석포(射石砲)·물 연동장치 스케치,(오른쪽).

었다. 레오나르도 다빈치가 대표적 인물이다. 그가 남긴 방대한 원고에는 다음과 같은 기술의 설계가 들어 있다고 한다. 자동 줄날 세우는 기계, 발로 밟는 크랭크 추진 장치와 연속회전을 위한 속도조정 바퀴가 달린 선반, 펌프관을 뚫기 위한 천공기, 실 감는 날개와 자동 실 분할기가 달린 방적기계, 연환고리, 회전 가능한 지붕이 붙은 바람방아, 원추형 압연을 위한 압연기, 롤러 베어링, 볼 베어링, 특수 톱니장치, 진자장치, 피대 연동장치, 체인기어, 자전거, 탱크, 자동총, 접는 침대, 잠수복, 낙하산, 콘택트렌즈, 수력 자명종, 플라스틱 등. 화가이자 조각가이고 군사기술자이며 건축가인 프란체스코 디 조르조는 전동장치, 동력전달장치, 속도조절장치, 대포, '자동' 차, 빨펌프와 밀펌프, 괘종시계, 물갈퀴판이 달린 선박, 해저 공격용 잠수기구 등에 대한 연구서를 저술했다.[12]

이러한 기술적 아이디어들 가운데 상당수는 실현될 수 없었다. 그 이유는 무엇보다도 그것들을 제작할 원료와 재료가 부족했을 뿐만 아니라 동력원이 한정되어 있었고(당시의 동력원은 인력이나 축력 또는 그보다 좀 더 나은 수력과 풍력이었다), 당시의 기술적 수단이 혁신적인 기구나 기계를 제작할 수 있을 만큼 충분히 높은 수준이 아니었기 때문이다. 그들의 아이디어는 당시의 실제적·경제적 필요성과 요구에 걸맞지 않게 시대를 저만치 앞서 있었던 것이다. 당시엔 자연 현상과 구조에 대한 이론적 통찰과 과학적 지식이 너무 일천했기 때문에 공상에 불과한 아이디어들이 만발했다. 하지만, 다빈치와 같은 르네상스의 거장들이 제시한 기발한 기술적 아이디어는 비현실적이고 비과학적인 몽상만은 아니었다. 다빈치의 아이디어는 오늘날 비행기, 헬리콥터, 낙하산, 탱크 및 잠수함으로 실현되었으니까 말이다.

르네상스 시대의 기술은 그림과 조각 및 건축과 같은 예술분야에서 가장 커다란 발전을 이룩했다. 우리는 르네상스 하면 으레 예술을 연상한다. 이 시기에는 건축과 회화에 기하학의 원리와 법칙을 응용해 균형과 비례 및 조화의 아름다움을 추구했다. 더불어 관찰과 해부라는 과학적 방법은 조각가들이 인간의 육체를 대리석에 매우 사실적이고 섬세하며 생동감 있게 구현할 수 있도록 해주었다.

브루넬레스키가 설계한 이탈리아 피렌체 대성당의 돔과 돔의 구조.
르네상스 건축의 시작을 의미하는 피렌체 대성당의 돔은 고딕성당이 하늘을 찌르듯 솟은 것과는 대조적으로 마치 피렌체의 지붕처럼 도시를 감싸 안고 있다. 이 돔을 만드는 공법 또한 벽돌을 2중으로 쌓아 지탱하게 하는 매우 과학적인 방법이었다.

    르네상스 시대에는 수리공학이 눈부시게 발달했다. 땅의 확장, 관개, 치수 및 운송의 목적을 위하여 간척사업을 벌였고 제방, 펌프 및 저수지를 만들었으며 운하와 수문을 건설했다. 관개 시설을 통한 농업 생산과 수차를 이용한 산업 생산의 발달, 농업 생산물과 산업 생산물의 신속한 대량 운송 등 교환경제를 활성화시켰다. 한마디로 수리공학을 활용한 기술은 경제적 목적을 추구했다. 운하는 도시에 식수를 원활하게 공급하는 데 크게 기여했는데, 레오나르도 다 빈치와 같은 인물은 운하가 적대적인 도시들을 서로 화합시킬 것이라는 정치적 이익을 기대하기도 했다.[13]

르네상스 시대에 수리공학 기술이 발전할 수 있었던 이유는 자연을 정복하고 길들이고자 하는 당시의 특유한 자연관과 세계관에서 찾을 수 있다. 레오나르도 다 빈치는 밀라노와 코모 호수를 연결하는 운하와 피렌체와 바다를 연결하는 운하를 구상한 적이 있다. "그는 물을 '자연의 짐마차꾼(vetturale di natura)'이라고 부른다. 혈액이 우리 몸에서 하는 기능이 물이 세상에서 하는 역할과 같거나 그 이상이라고 생각한다. 물은 정해진 질서에 따라 땅의 안팎을 똑같이 순환한다. …… 동식물과 마찬가지로 인간에게도 필요불가결한 물은 또한 상상할 수 있는 것 가운데 가장 무서운 파괴물이기도 하다. …… 모든 생명적인 욕구에 물길을 타야 하듯이, 생명의 근본적인 요소인 이 액체가 유용한 역할을 하도록 길들여야 한다. 레오나르도는 '살라 델레 아세'에서 그린 회화에서 제멋대로 뻗어나가는 식물을 마음대로 순응시켰듯이, 자연을 정복하고 길들이며 지배하고 싶어 한 것 같다."[14]

제6장

프로테스탄티즘
직업과 노동을 통해 신의 영광을 드높혀라

제6장
프로테스탄티즘
직업과 노동을 통해 신의 영광을 높혀라

　종교개혁은(Reformation)은 독일 비텐베르크(Wittenberg)의 수도 사이자 그곳 대학의 신학과 교수이던 마틴 루터(Martin Luther, 1483~1546)가 면죄부를 판매하는 등 부패하고 타락한 당시의 교황과 교회에 저항하며 1517년 95개조의 반박문을 발표함으로써 불이 붙었다. 그 후 스위스의 울리히 츠빙글리(Ulrich Zwingli, 1484~1531)와 장 칼뱅(Jean Calvin, 1509~1654) 같은 종교 지도자들에 의해 개혁이 지속되었다. 그 결과 여러 종파의 개신교가 탄생했다. 개신교(Protestantism)는 '저항(protest)'이라는 의미를 담고 있다. 저항은 단순히 기독교의 내적 비판이나 개혁에 국한된 문제만은 아니었다. 그보다는 새로운 시대와 현실에 적합한 신앙형태에 대한 모색이었다.

　종교개혁은 국민국가의 형성, 르네상스의 인본주의 그리고 인쇄술의 발달이라는 시대적 배경 속에서 이루어졌다.

　이미 15세기 중엽부터 형성되기 시작한 근대적 국민국가는 점차 종

종교개혁의 선봉장인 루터, 츠빙글리, 칼뱅.

교와 교회의 지배로부터 벗어나기 시작했다. 교회를 국가보다 우위에 두던 중세와는 달리, 인간의 세속적인 삶을 지배하고 통치하는 것이 국가의 고유한 영역이자 권력에 속하게 되었다. 니콜로 마키아벨리(Nicolo Machiavelli, 1469~1527)는 『군주론』(1513)에서 정치를 신의 영역에서 군주의 영역으로 세속화시켰다. 이 책은 종교에 대한 정치의 독립선언서요, 신학에 대한 정치학의 독립선언서에 다름 아니었다. 근대 정치학이 발전할 수 있는 길을 활짝 열어놓는 것이다. 국가는 강력한 경제력과 정치권력에 힘입어 교회의 성직 임명권과 조세권을 간섭하거나 빼앗아 갔고, 교회와 수도원의 재산을 몰수해서 국가에 귀속시키기도 했다. 이로써 로마 교황청을 정점으로 하는 '보편적인 대공화국'의 종교인 가톨릭은 개별 민족의 공화국인 국가를 구성하는 개인들이 단위와 주체가 되는 새로운 종교에 자리를 내주게 되었다. 국가와 민족의 교회가 형성되었던 것이다.[1] 개인들은 새로운 종교적 공동체의 테두리 안에서 내면적인 신앙과 영혼을 추구했다. 중세적 집단주의는 근대적 개인주의에 길을 내줄 수밖에 없었다.

지식인들은 새로운 형태의 종교와 신앙에 대한 이념을 제공했다. 영국 옥스퍼드 대학 교수 존 위클리프(John Wycliffe, 1320~1384)는 교권에 대한 왕권의 우위를 주장했고 교회 재산에 대한 국가의 통제권을 인정했다. 1378년 교황청이 아비뇽과 로마 둘로 갈라지는 이른바 '교회의 대분열'이 일어난 후에는 교황을 그리스도의 적이라고 비난하기까지 했다. 네덜란드의 인본주의자 에라스무스(Desiderius Erasmus, 1466~1536)는 중세 기독교 사상의 근간인 스콜라 철학의 허상을 폭로했으며, 교회와 성직자들의 위선과 타락, 민중들의 무지를 풍자했다. 그리고 성서의 복음정신에 따라 인간의 내적 자유와 개인의 내면적 삶, 신앙을 추구해야 한다고 주장했다. 이를 복음주의라고 하는데, 당시 유럽의 인본주의자들에게 커다란 영향을 끼쳤다.

성서 원전에 대한 관심과 성서의 번역은 종교개혁의 중요한 서막이었다. 당시의 인본주의자들은 중세적인 신앙을 벗어난 새로운 신앙의 유일한 근거를 예수의 언행과 가르침을 기록한 성서에서 찾았다. 자연

중세적 가치에 도전장을 내민 마키아벨리와 에라스무스.

스럽게 성서의 원본에 대한 관심이 높아지게 되었다. 그들은 성서가 쓰인 3대 언어인 라틴어, 그리스어, 히브리어에 대한 연구를 통해 성서의 번역과 주석에 곡해와 오류가 있다는 사실을 발견했다. 그들은 "무엇보다 하느님과 인간 사이에 존재하는 무수히 많은 성인, 성례, 성체 등으로 특징되는 14세기 말의 기독교와 사도들의 소박한 초기 교회를 가르고 있는 엄청난 거리감을" 발견했고, "당시 기독교 신자들이 수행하는 일부 행위와 도덕적인 의무들이 아무 소용이 없다는 것을" 주장했다. 어느 인본주의자가 말한 대로, "하느님께서 인간의 모든 것을 주재하시기" 때문이다.[2]

중세에는 성서가 라틴어로 쓰여 있었고 값이 비쌌기 때문에 대부분의 신자들은 성서에 접근할 수 없었다. 그들에게는 고작해야 일요일의 미사에서 듣는 단편적인 내용들 그리고 그림, 조각, 석상 또는 창유리 등에 표현되어 있는 내용들만이 허용되었다. 게다가 "복음서는 조형예술과 성가극이 제공하는 꽤 의심스러운 일련의 이미지로 대체되었다. 나중에는 이것 자체가 사람들의 숭배대상이 되었다."[3] 이런 상황은 새로운 종교와 신앙을 전파하는 데 결정적인 걸림돌이 될 수밖에 없었다.

인본주의 학자들은 성서를 영어, 이탈리아어, 프랑스어, 네덜란드어, 체코어, 독일어 등 다양한 세속어와 민족어로 번역하기 시작했다. 위클리프는 영어로, 루터는 독일어로 번역했다. 독일어판 성서는 "집안의 여인네들까지" 이해할 수 있었다. 이런 작업을 통해 개인들은 중세적인 교회와 성직자의 매개나 통제 없이 민족어라는 공동체 언어의 테두리 안에서 직접 성서에 적힌 내용을 접할 수 있게 되었고 신과 직접 교통하는 것이 가능해졌다. 민족어로 된 성경 텍스트는 새로운 신앙의 표현이자 개인의 독립과 자유 그리고 민족의 자유와 독립의 표현이었다.[4]

이 같은 일련의 서곡이 울린 다음 마틴 루터를 시작으로 종교개혁의 막이 오르게 되었다. 로마 교회는 산피에트로 성당의 건축 자금을 조달하고 부채를 상환하기 위해 1515년부터 면죄부를 판매했다. 이에 루터는 1517년 95개조로 된 반박문을 발표했다.

루터는 반박문을 통해 교황의 권위를 비판했다. 그는 반박문 제5조에서 "교황은 자기 자신의 권위 혹은 교회법의 권위에 의해 부과된 형벌을 제외하고는 여하한의 형벌도 면제하려고 해서도 안 되며, 면제할 수도 없다"고 말하면서 세속적인 것에 대한 교황의 야욕을 비난했다. 제49조에서는 면죄부를 구입한 자가 "그로 인해 하느님에 대한 두려움을 잃는다면, 그것이 매우 유해하다는 사실을 그리스도교도들에게 가르쳐야 한다"고 경고했다.

루터는 또한 인간은 교황 없이도 그리스도나 성자들과 직접 관계할 수 있다고 역설했다. 제58조에서 그는 "면죄부는 그리스도와 성자들의 공로가 아니다. 왜냐하면 이들은 교황이 없더라도 인간의 내면적 영혼을 위해 은총으로 역사하며, 인간의 외적인 육체를 위해서는 십자가, 죽음 및 지옥으로 기능하기 때문이다"라고 말했고, 제62조에서는 "가장 거룩하고 영광스러운 복음과 하느님의 은총이야말로 교회의 참된 보화"라고 강조했다.[5] 루터는 "인간이 만든 제도인 유형 교회에 대해 보편적인 사제단에 토대를 둔, 하느님의 말씀을 받아들이는 믿음의 공동체인 무형 교회를 대립시켰다."[6] 칼뱅은 거기서 한걸음 더 나아가 개인은 성직자, 의식, 성물로부터 그리고 궁극적으로는 신 자체로부터도 분리된 독립적이고 자율적인 존재라고 주장했다.

종교개혁에 대한 논의에서 빼놓을 수 없는 것이 인쇄술의 발달이라는 기술적 측면이다. 구텐베르크가 발명한 금속활자는 인본주의자들과 종교개혁가들의 저술, 각국의 언어로 번역된 성서를 빠르고 널리 보급시키는 기술적 매체이자 수단이었다. 구텐베르크가 처음으로 인쇄한 책은 다름 아닌 성서였다. 성서는 당연히 베스트셀러였다. 1457년부터 1517년까지 성서는 무려 400쇄 이상 출판되었다고 한다. 그래서 1494년 어느 독일인은 "독일 전체가 성경과 구원에 대한 교리, 성부의 책들 및 그 유사한 책들로 뒤덮였다"[7]고 썼다. 1519년에는 111권의 책이 독일어로 출판되었고 1523년에는 약 500종의 도서가 출간되었는

종교개혁과 그에 대한 가톨릭의 대응은 인쇄술의 발달과 출판이 없었다면 불가능했다.

데, 그 가운데 80%가 종교개혁과 관련된 책이었다고 한다.[8]

종교개혁은 근대사회의 형성과 발전에 크게 이바지했는데, 특히 근대 자본주의의 정신, 즉 근대적인 직업윤리와 노동윤리가 태동하는 데 산파역을 수행했다.

현재 우리가 접하는 직업의 개념은 루터에서 유래한다. 직업을 의미하는 독일어는 'Beruf'인데, 이는 '부르다'라는 의미를 지닌 동사인 'berufen'에서 유래한 단어로 '신이 부르신 것'이라는 의미를 함축하고 있다. 그만큼 직업은 신성한 것이며, 모든 인간은 신이 주신 직업에 헌신해야 하는 의무를 지닌다. 그런 의미에서 직업을 소명 또는 천직이라고 부르기도 한다. 영어에서는 직업을 소명이라는 의미인 'calling'으로 표현한다.

고대와는 달리 중세시대에는 노동을 인간적인 영역과 신앙의 일부분으로, 신의 은총이자 신에 대한 봉사의 수단이나 속죄의 수단으로 간주하기는 했지만, 그 자체로 궁극적인 목적이나 가치가 될 수는 없었다. 수도원에서도 노동을 장려했지만, 이는 자급자족과 영혼의 순화를 위한 수단이었을 뿐 명상적이고 관조적인 생활이 우선이었다.

중세시대에는 선한 일이나 자선행위가 구원의 수단으로 여겼지만, 종교개혁가들은 그것이 구원과 아무런 관계가 없다고 주장했다. 루터에 의하면, 인간은 오직 믿음에 의해서만 구원을 받을 수가 있다. 자선은 구원의 수단으로 베풀어지는 것이 아니라, 오직 일을 할 수 없는 사람들에게만 베풀어져야 하는 것이다. 일할 능력이 있는 사람은 누구나 일을 해야 한다. 모든 인간은 직업인으로서 하나님의 부름을 받았고 자기 직업에 충실해야 한다는 신성한 종교적 의무를 지닌다. 게으름과 자선을 구걸하는 행위는 죄악이다.

루터는 수도승들의 은둔생활과 명상적이고 관조적인 생활이 인간과 이웃에 대한 사랑 부족과 이기주의의 결과라고 비판했다. 그는 또한 성직자의 결혼을 주창함으로써 "고대 이래로 수도원과 수녀원에 싸여 있었던 그리스도교의 영광스런 전통을 혼인과 가정으로 옮겨놓았다." 이것은 중세 교회의 "전통적인 가르침과 관행을 부정하는 위대한 혁명이었다."[9] 루터는 1525년 수녀였던 캐서린 폰 브라와 결혼하여 6명의 자녀를 두었다. 그의 결혼생활은 행복했다.

칼뱅은 근대적인 직업윤리와 노동윤리를 제창했던 루터보다 한걸음 더 나아갔다. 1536년에 출판된 저서 『기독교 강령』에는 그의 직업윤리와 노동윤리가 잘 나타나 있다. 부단히 개정되고 보강된 이 책은

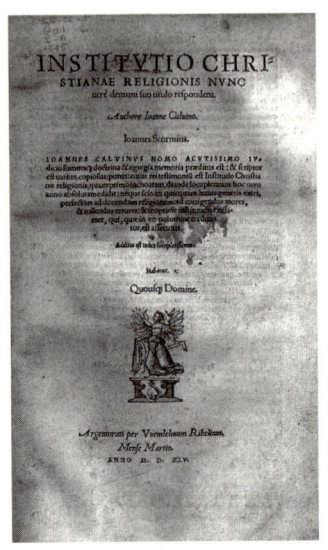

칼뱅의 『기독교 강령』 표지.

그의 생전에 25판이 나오면서 서구 사회에 막대한 영향력을 행사했다. 종교개혁에서 인쇄술이 어떠한 역할을 했는지를 단적으로 보여주는 또 다른 실례이다.

칼뱅은 『기독교 강령』에서 '예정조화설(豫定調和說; predestination)'을 전개했다. 그에 따르면, 구원과 저주는 이미 예정된 것이고, 신 자신도 이를 변경할 수 없다. 인간은 자신이 구원으로 예정되었는지, 아니면 저주로 예정되었는지 알 수 없다.

이러한 교리는 신도들이 구원 자체를 포기하고 절망과 좌절을 하게 하며, 비합리적이고 무절제한 사치와 쾌락에 탐닉하도록 만들 수도 있다. 칼뱅의 예정조화설은 "개인이 지금까지 들어보지 못한 깊은 내적인 고독의 감정"을 초래하는 심리학적 결과를 낳을 수 있었다.[10] 하지만, 당시는 오늘날과 달리 종교가 인간의 정신과 삶에서 절대적인 위치를 차지하고 있었다. 그 누구도 구원을 포기할 수 없었다.

그래서 칼뱅은 신도들 각자가 구원받도록 예정되었다는 사실을 확신해야 하고 신의 영광을 드높여야 한다고 가르쳤다. 칼뱅에 의하면, 이를 위해서는 신으로부터 소명받은 직업과 노동에 헌신해야 한다. 이로부터 발생하는 재화와 이윤은 향락이나 쾌락 또는 경제외적 목적을 위해 낭비하지 말고 사업에 지속적으로 투자해야 한다. 모든 인간은 금욕적이고 합리적인 생활양식을 선택해야 한다. 심지어 스포츠도 육체적 충동을 발산하는 수단이 아니라 직업생활에 필요한 육체적 수행능력을 배양하는 합리적 목적에 기여하는 한에서만 허용될 수 있다. 건강유지를 위해 필요한 시간(6시간에서 최대한 8시간)을 초과한 수면은 도덕적으로 비난받아야 한다. 직업노동의 시간을 빼앗는 관조적이고 명상적인 행위유형과 삶의 양식은 불필요하다. 그리고 성생활은 금욕적이어야 하고 오로지 신의 영광을 드높이기 위한 수단으로서 결혼생활 내에서만 엄격하게 허용된다. "양육하고 번성하라"는 성서의 계율에 따라 종족번식의 목적을 벗어나는 일체의 성행위는 매춘행위로서 비난받아야 한다.[11]

이러한 칼뱅의 교리는 신자들이 "부단한 직업노동"에 헌신하고 직업외적 일상생활을 금욕적이고 합리적으로 조직하고 영위할 수 있도록 했다. 금욕적인 칼뱅주의는 개인들이 "자신의 존재전반을 합리적으로 형성할" 수 있게 했다.[12]

칼뱅의 직업윤리와 노동윤리는 루터의 그것보다 유럽에 막강한 영향력을 행사했다. 루터의 교리가 주로 농민과 수공업자를 지향했다면, 칼뱅의 교리는 17~18세기에 급속히 발전하는 자본주의를 주도하던 자본가, 기업가 및 은행가와 같은 부르주아지 또는 경제 시민계층에게 강하게 호소했다. 지역적인 분포를 볼 때, 루터교는 독일과 같이 농업이 발달한 지역에 뿌리를 내린 반면에, 칼뱅교는 주로 프랑스나 스위스 그리고 네덜란드 남부와 같이 상업이 발달한 지역에 정착했다. 아무튼 칼뱅의 직업윤리와 노동윤리는 근대 자본주의 정신의 원동력이 되었으며, 자본주의의 비약적인 발전을 위한 정신적·문화적 토대가 되었다.

영국, 스코틀랜드, 네덜란드 북부에서는 청교도(淸敎徒; puritanism)라는 개신교 교파가 발전했다. 청교도는 영국의 산업혁명과 현재 자본주의 대국으로서 세계 경제를 주도하는 미국의 정신적·문화적 토대가 되었다.

제7장

산업혁명
청교도 부르주아들에 의한 '아래로부터의 혁명'

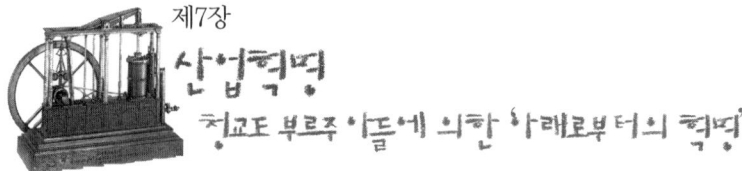

제7장 산업혁명
청교도 부르주아들에 의한 아래로부터의 혁명

18세기 후반 영국에서 산업혁명이 일어났고 빠르게 유럽 전역으로 퍼져나갔다. 산업혁명은 인간 삶의 전 영역에 걸쳐 근본적인 변혁을 가져왔다. 지금으로부터 1만 년 전에 일어난 신석기시대의 농업혁명에 이은 두 번째 기술혁명이었다. 농업혁명을 제1의 혁명, 산업혁명을 제2의 혁명이라고 부른다. 그리고 20세기 후반에 제3의 혁명인 정보혁명이 일어난다.

산업혁명에 의해 공장제 기계공업이 정착되었고 자본과 노동, 노동과 주거, 생산과 소비가 분리되었으며 근대 자본주의와 시장경제가 성립되었다. 또한 산업혁명은 인간을 기계의 부속품으로 만들었고 인간의 규율화를 초래하기도 했다. 노사문제가 발생하고 노동운동이 일어나고 대도시 문제가 대두된 것도 산업혁명 이후의 일이다. 이와 더불어 마르크스의 사회주의·공산주의 사상이 태동하게 된 역사적 요인 역시 산업혁명이다. 근대 사회복지의 기원도 산업화와 자본주의에 있다.

산업혁명은 증기기관과 같은 기술의 발전이 있었기에 가능했다. 하지만, 기술적인 문제 때문만은 아니었다. 우선 기술과 무관하게 발전한 과학이 기술에 응용되었다. 계몽주의와 백과전서파 그리고 자유주의 경제사상도 산업혁명의 이념적·사상적 토대를 제공했다. 그뿐만이 아니다. 영국의 축적된 자본, 값싼 노동력, 시장의 존재, 교통의 편리, 발명가의 권리와 이익을 보호해 주는 국가와 법 같은 기술

산업혁명을 상징하는 높은 굴뚝과 스모그.

외적 요소들도 산업혁명이 일어나는 데 결정적인 역할을 수행했다. 거기다가 청교도의 직업윤리와 노동윤리라는 요소를 첨가할 수 있다.

영국의 산업혁명은 국가의 강제력에 의한 '위로부터의 혁명'이 아니었다. 그것은 어디까지나 개인들의 자유로운 경제활동을 통해서 이루어진 '아래로부터의 혁명'이었다. 이 점에서 영국의 산업혁명은 그 뒤를 이어서 일어난 다른 나라들의 산업혁명과 뚜렷이 구별된다. 여기서 말하는 개인들이란 시민계층 또는 부르주아지와 노동자계급의 구성원들을 가리킨다.

영국은 청교도 혁명과 명예혁명과 같은 시민혁명을 거치면서 다른

나라들보다 먼저 근대국가를 이루었다. 이 과정에서 다양한 사회집단과 직업들 사이의 사회적 이동이 수월해졌고 가족, 친족, 지역사회, 길드 등 전통적인 사회집단은 약화되었거나 해체되었다. 집단으로부터 분리된 개인들이 그 자리를 메우게 되었고 유일한 사회적 단위가 되었다. 개인화 또는 개체화가 진행되면서 집단주의 대신에 개인주의가 대두하게 되었고 개인의 자유와 권리가 중요해졌다.[1] 이것을 보장하고 보호하는 것이 국가이다. 18세기의 지배적인 사상인 사회계약설은 이러한 개인과 국가의 관계에 대한 철학적이고 이념적인 정당화와 합리화를 제공했다. 사회계약설에 의하면, 국가는 개인들이 자유롭고 평등하며 행복한 삶을 추구하기 위해 상호간 맺은 계약에 다름 아니다. 국가는 모든 개인들과 사회집단들을 초월하는 절대적인 권력과 권위를 소유한다. 하지만, 이것은 어디까지나 개인들의 생명과 재산 및 행복을 보호하기 위한 수단에 지나지 않는다.[2]

개인화 또는 개체화 경향은 사회적 융통성 또는 사회적 이동으로 이어지면서 수많은 노동자들을 도시로 모여들게 만들었다. 산업화에 필요한 노동력을 제공한 사람들이 바로 이들이다. 노동자들은 그 어디에도 속박되거나 예속되지 않은 자유로운 개인들로서 시장에서 계약의 원칙에 따라 자신의 노동력을 팔 수 있었다. 그래서 그들의 노동을 가리켜 자유노동이라고 한다. 고대 노예의 노동이나 중세 농노의 노동은 부자유노동이었다. 하지만, 노동력 외에는 가진 것이 없는 노동자들은 시장에서 노동력을 팔지 않으면 굶어 죽거나 구걸로 연명할 수밖에 없다. 그들은 자유롭지만 어디까지나 형식적으로만 자유로운 것이다. 그

뭉크, 〈귀가하는 노동자들〉.
노동력 외엔 가진 것이 없는 노동자들은 자신의 노동력을 시장에 팔 권리와 자유를 가진다. 그들은 근현대 산업과 경제의 토대이다.

래서 그들의 노동을 가리켜 형식적 자유노동이라고 한다. 노동자들의 형식적 자유노동은 산업혁명뿐만 아니라 오늘날의 경제와 산업의 토대이다.

산업혁명의 중추세력은 부르주아지였다. 부르주아지 역시 개인화되고 개체화된 자유로운 존재들이었다. 상공업에 종사하는 유산계급인 부르주아지는 최소의 비용으로 최대의 이윤을 추구했다. 민주주의와 시민사회를 지향하며 시장경제와 사유재산제도를 추구하는 근대국

부르주아지는 정치·경제적 변화 외에도 독서인구의 변화와 증대를 가져왔다. 새로운 독자의 형성과 증대는 18세기 소설의 탄생에 중대한 원천을 제공했다.

가는 부르주아지의 이념과 가치를 반영하고 있으며, 실제로 이들에 의해서 창안·관리·통치되었다. 국가는 부르주아지가 시장에서 합리적인 경제활동을 할 수 있도록 모든 사회적 제약과 통제를 제거하고 자유로운 사회질서를 유지했다.

부르주아지는 기술 발전이 가져다주는 경제적 이득을 잘 알고 있었기 때문에 기술은 그들이 추구하는 목표 가운데 하나가 되었다. 부르주아지와 기술 그리고 기계가 제휴·결합되면서 공장이 발전했고 기업이 번성했다. 산업 자본주의가 형성되었던 것이다. 기술자들의 대부분은 부르주아지 출신이었으며, 기술발전의 바탕이 되는 과학의 발전을 촉진시킨 사회집단 역시 부르주아지였다. 그리고 과학자와 기술자를 훈련시키는 학교기관과 직능단체들 역시 부르주아지가 거의 독점하고 있었다.[3] 결국 산업혁명은 국가와 부르주아지 그리고 기술과 과학의 대연정이 빚은 작품이라고 할 수 있다.

영국의 부르주아지는 단순히 이윤이나 추구하고 돈이나 벌려고 한 '경제동물'은 아니었다. 그들은 청교도에서 유래하는 나름대로의 독특한 직업윤리와 노동윤리를 가지고 있었다. 청교도는 칼뱅교의 일파로서 그 중심에는 칼뱅의 예정조화설이 자리 잡고 있었는데, 인간은 신으로부터 소명받은 직업과 노동에 헌신해야 한다고 가르쳤다. 직업과 노동은 신성한 것이었다.

청교도는 칼뱅교보다 세속적인 면모가 강했고 실용적이고 공리주의적인 성향을 발전시켰다. 그래서 인간의 물질적 번영과 풍요를 신의 은총으로 보고 경제적 성공에 커다란 의미와 가치를 부여했고[4] 이 세상은 신이 인간에게 개발하고 활용하도록 준 것이라고 강조했다.

영국의 국교인 성공회 역시 18세기 말 이래로 세속화되어 관용을 중요시하면서 사회적 효용성이라는 개념을 주요 원칙으로 지켜왔다.

> "종교는 더 이상 사회의 구성체계가 아니었고 사회에 금기나 형식을 강요하지 않았다. 오히려 그것은 사회로 통합되었고, 적응하였으며, 기준과 정당화로서 사회적 효용성이라는 개념을 채택하였다."[5]

이런 종교적 분위기가 영국이 산업혁명의 선구자가 될 수 있는 정신적·문화적 토대를 구성했다.

제8장

미국의 기술발전
청교도적 개척정신과 실용주의의 산물

제8장

미국의 기술발전
청교도적 개척정신과 실용주의의 산물

영국이 산업혁명을 선도했다면, 그 이후의 시기에는 후발주자인 독일과 미국이 과학과 기술의 발전에서 훨씬 앞서나갔다. 특히 제1차 세계대전 이후로는 미국이 절대적인 위치를 차지하게 되었다.

미국은 남북전쟁(1861~1865) 이후에 본격적인 산업화를 추진했지만, 이미 19세기 후반부터 세계의 기술발전을 주도하게 되었다. 미국의 산업화는 다음과 같은 역사 · 정치 · 사회 · 문화적 배경에서 진행되었다. 계몽주의, 청교도 정신, 시민사회와 개인주의 및 민주주의에 기초하는 근대국가, 실용주의 철학 그리고 모험과 개척을 중시하는 프런티어 정신 등등.

처음에 영국의 식민지로 출발한 미국은 1783년에 독립을 쟁취한 이후에도 부분적으로 유럽 경제에 종속되어 있었으며, 자유노동과 산업자본주의의 북부와 노예제와 대농장제도의 남부로 분열되어 있었다. 또한 북부는 연방제를, 남부는 지방분권제를 옹호하는 등 정치적으로

남북전쟁 당시 포격전을 벌이고 있는 남부군과 북부군.
남부군과 북부군 간의 전쟁은 봉건체제를 수호하려는 귀족과 자본주의체제를 전개하려는 부르주아지의 전쟁이었다.

도 분열되어 있었다. 그리고 문화적으로도 북부는 미국의 독자적인 신흥 부르주아지 문화를 추구한 반면, 남부는 영국의 전통적인 귀족 문화를 지향했다.

　이러한 복합적인 내적 모순이 폭발하면서 일어난 전쟁이 바로 남북전쟁이었다. 5년간 지속된 이 내전은 국가적 통합, 산업자본주의의 정착과 발전, 전근대적인 노예제도의 폐지와 근대적인 자유노동의 관철, 농업의 기계화, 남부 중산층의 형성, 전통적인 귀족 문화에 대한 신흥 부르주아지 문화의 승리 등 미국을 크게 변화시켰다. 남부의 대농장 지주들은 "혁명 후의 프랑스의 귀족처럼, 아니 그 이상으로 철저하게 몰락하고 말았다." 남북전쟁은 미국의 역사에서 봉건시대의 막을 내렸다.[1] 게다가 철도가 발달하면서 지역적 한계를 극복할 수 있었다. 미국은 내전이라는 값비싼 대가를 치르고서 본격적으로 근대사회로 진입하게 되었고 유럽으로부터의 정치적 독립을 넘어 진정한 의미의 독립을 이루었다. 내전 이후 "유럽과 아메리카를 매놓은 탯줄이 끊긴 것처럼 보였다. 이 젊은 나라는 해양에서 등을 돌리고 광대한 평지, 광막한 초원을 향하여 방향을 잡았다."[2]

이처럼 커다란 역사적 의미 때문에 남북전쟁을 독립혁명에 이은 제2의 혁명이라고 보는 역사학자들도 있다. 남북전쟁 이후 미국은 급속하게 산업화와 도시화가 추진되었고 산업자본주의가 비약적으로 발전하게 되었다. 여기서 철도가 결정적인 기여를 했다.

미국은 초기부터 계몽주의와 청교도 정신으로 무장한 나라이다. 계몽주의는 「독립선언문」(1776)에 압축적이고 상징적으로 표현되어 있다.

"우리는 다음의 사실을 자명한 진리로 확신한다. 모든 사람은 태어나면서부터 평등하며 그들은 조물주에 의해 일정한 불가양의 천부의 권리를 부여받았으며 그 중에는 생명, 자유와 행복을 추구할 권리가 포함되어 있다. 또 이러한 여러 권리를 확보하기 위해 사람들 사이에 정부가 조직되었으며, 그 정당한 권력은 피치자의 동의에서 유래하는 것이다. 그리고 어떠한 정치형태라고 할지라도 이러한 목적을 파괴할 때에는 이러한 정부를 개폐하고 그들의 안전과 행복을 추구하기 위하여 가장 적당하다고 생각되는 원리에 기초하여 또 가장 적당하다고 생각되는 권력조직을 가지는 새로운 정부를 조직하는 것이 인민의 권리라고 믿는다."

미국의 독립선언문은 영국의 대표적인 계몽주의 철학자 존 로크(John Locke 1632~1704)의 사상을 따르고 있다. 개인의 생명, 자유 그리고 행복을 추구할 권리를 중시하는 근대 개인주의가 바로 그것이다. 국가는 자유롭고 평등한 개인들이 계약을 맺은 시민사회이고 자유시장경제와 사유재산제도를 보장한다. 미국은 삼권분립과 의회제도를 채택한 민주주의 국가이다.

영국의 역사학자들이 주장하듯이, 미국의 독일선언문은 독창적인 것이 아니라 영국에서 차용한 것이다.[3] 하지만, 미국은 유럽 특히 영국에서 발생한 계몽주의를 그 어느 곳에서보다 더 순수한 형태로 발전시키고 꽃피울 수 있었다. 미국에는 군주제, 귀족계급 및 봉건적 정신과 문화 등과 같이 계몽주의 이념과 사상을 제한하고 제약하는 전통적인 장애가 존재하지 않았기 때문이다. 미국 독립선언문은 후일 프랑스 대혁명을 비롯해 전 세계의 근대국가 창설운동에 커다란 영향을 미쳤다.

미국은 종교적 박해를 피해 영국에서 이주한 청교도들이 세운 나라이다. 청교도는 근대 자본주의에 적합한 직업윤리와 노동윤리를 구축했다. 미국은 계몽주의와 마찬가지로 이것 역시 영국에서 차용했다. 그러나 자본주의 정신을 가장 순수한 형태로 구현한 나라는 미국이다. 1748년 과학자, 기술자이자 정치가인 벤자민 프랭클린(Benjamin Franklin, 1706~1790)이 한 말은 자본주의 정신이 무엇인가를 명백하게 보여준다.

1620년 영국 뉴잉글랜드 최초의 이민(移民)인 청교도(102명의 필그림 파더스, 즉 巡禮 始祖)를 북아메리카로 수송한 메이플라워호.

 "시간이 돈임을 잊지 말라. 매일 노동을 통해 10실링을 벌 수 있는 자가 반나절을 산책하거나 자기 방에서 빈둥거렸다면, 그는 오락을 위해 6펜스만을 지출했다 해도 그것만 계산해서는 안 된다. 그는 그 외에도 5실링을 더 지출한 것이다. 아니 갖다 버린 것이다.
 신용이 돈임을 잊지 말라. 누군가가 자신의 돈을 지불 기간이 지난 후에도 찾아가지 않고 나에게 맡겨 두었다면 그는 나에게 이자를 준 것이거나 아니면 내가 이 기간 동안 그 돈으로 할 수 있을 만큼의 것을 준 것이다. 좋은 신용을 가졌고 그것을 잘 이용한다면 대단한 액수의 돈을 쌓을 수 있다.
 돈은 '번식력을 갖고 결실을 맺는 성격을 가진다'는 점을 잊지 말

라. 돈은 돈을 낳을 수 있으며 그 새끼가 또 다시 번식해 나간다. 5실링은 6실링이 되고 다시 7실링 3펜스가 되어 결국 1백 파운드가 된다. 돈이 많으면 많을수록 돈은 더욱 늘어나며 결국 효용은 보다 급속하게 증가한다. 한 마리의 암퇘지를 죽이는 것은 그로부터 번식될 1,000마리의 새끼돼지를 죽이는 것이다. 5실링의 화폐를 사장시키는 자는 그 돈으로 생산될 수 있었을 모든 것, 즉 수천 파운드를 없애는 것이다!

속담에 있듯이 돈을 잘 갚는 사람이 모든 주머니의 주인임을 잊지 말라. 약속 날짜에 맞추어 지불한다고 소문이 난 사람은 자신의 친구가 당장에 필요로 하지 않는 모든 돈을 언제든지 빌릴 수 있다.

이는 때로 매우 유용한 것이다. 근면과 검소 이외에 모든 일에서 시간엄수와 공정보다 젊은이를 출세시키는 것은 없다. 그러므로 당신이 빌린 돈을 결코 약속한 것보다 한 시간이라도 지체시키지 말라. 이는 그것에 대한 분노로 인해 당신 친구의 돈주머니가 당신에게 영영 닫히지 않도록 하기 위해서이다.

신용에 영향을 주는 것이라면 아주 사소한 행위도 조심해야 한다. 당신의 채권자가 오전 5시나 오후 8시에 듣는 당신의 망치 소리는 채권자로 하여금 6개월을 유예시키도록 할 것이다. 그러나 당신이 일하고 있어야 할 시간에 그가 당신을 당구장에서 보거나 주점에서 당신의 목소리를 듣는다면, 그는 바로 다음날 상환 독촉을 할 것이며 당신이 그 돈을 쓰기도 전에 다시 내놓으라고 할 것이다.

망치 소리는 그 외에도 당신이 당신의 채무를 잊지 않고 있음을

100달러 지폐에 들어 있는 벤자민 프랭클린.
직업과 노동에 헌신하고 사업에 성공하여 신의 영광을 드높여라!

드러내는 것이며 그렇게 해서 당신은 조심스럽고도 존경할 만한 사람으로 보이게 된다. 따라서 당신의 신용도 늘어난다.

당신이 갖고 있는 모든 것이 당신의 재산이라 생각하고 그에 따라 살려고 하지 말라. 신용을 가진 많은 사람이 이러한 착각에 빠졌다. 이런 점에 주의하기 위해서는 당신의 지출과 소득에 대해 정확히 알고 있어야 한다. 일단 세부적인 것까지 주의하는 노력을 한다면 다음과 같은 좋은 결과를 얻을 수 있다. 즉, 당신은 매우 사소한 지출이 모이면 엄청나게 불어난다는 것을 발견할 것이고, 무엇을 저축할 수 있었고 또 앞으로 무엇을 저축할 수 있는지를 알게 된다.

당신이 영리하고 성실한 사람으로 알려져 있다면 당신은 1년에 6파운드를 1백 파운드로 사용할 수 있다. 날마다 10펜스를 낭비하는 사람은 1년에 6파운드를 낭비하는 것이며 이는 1백 파운드를 이용할 수 있는 기회를 버리는 것이다. 날마다 5실링에 해당하는 시간(이는 단지 몇 분에 지나지 않을 수도 있다)을 버리는 사람은 1년에 100파운드를 사용할 특전(이는 달리 계산하면 하루이다)을 상실하는 것이다. 5실링에 해당하는 시간을 낭비하는 사람은 5실링을 잃는 것이며 5실링을 바다에 던져 넣는 것과 똑같다. 5실링을 잃는 자는 단지 그것의 총액만을 잃는 것이 아니라 그것을 사용해 벌 수 있었을 모든 것(이는 젊은이가 나이가 들 정도까지 되면 상당한 액수에 달할 것이다)을 잃는 것이다."[4]

프랭클린의 가르침 속에서는 종교적인 것을 발견할 수 없다. 하지만, 이 말은 원래 직업과 노동에 헌신하고 사업에 성공하여 신의 영광을 드높이라는 청교도의 가르침에서 유래한 것이다. 다만 시간이 지나면서 종교적인 요인이 탈색되고, 그저 순수한 자본주의 정신만 남게 된 것이다.

미국에 대해 이야기하면서 빼놓을 수 없는 것이 바로 프런티어 정신 (the frontier spirit)이다. 프런티어 정신이란 개척정신을 가리킨다. 광활하고 젊은 나라 미국의 역사는 미개척의 자연을 정복하고 지배하는 역사이다. 이 과정에서 개인의 자유와 진취 및 개척, 독창성에 가치를 두는 정신이 배양되었다. 그것은 개인주의와 합리주의 그리고 현실주의의 정신이었다. 프런티어 정신은 청교도 정신과 더불어 미국이라는 거대한 집을 떠받치는 두 개의 기둥이라고 평가된다. 이 같은 정신은 기술발전에 매우 호의적일 수밖에 없다. 실제로 미국인들은 새로운 기술적 아이디어나 새로운 기술개발에 커다란 의미를 부여한다.

실용주의 정신 역시 빼놓을 수 없다. 실용주의는 전형적인 미국의

미국의 실용주의 정신을 대표하는 철학자 퍼스와 발명가 에디슨.

철학이다. 물자체(物自體; Ding an sich; thing in itself)나 선험적인 것, 초월적인 것 또는 형이상학적인 것 등에서 출발하는 유럽의 전통적인 철학과는 달리 실용주의는 구체적인 행위와 경험에 근거한다. 대표적인 철학자로는 윌리엄 제임스(William James, 1842~1910)와 찰스 퍼스(Charles Peirce, 1839~1914) 그리고 존 듀이(John Dewey, 1859~1952) 등이 있다. 실용주의를 의미하는 'pragmatism'의 'pragma'는 원래 행위라는 의미를 지닌 말이다. 관념이나 사상, 이론은 행위, 경험과의 관련 속에서 파악해야 하며 의미를 지녀야 한다. 그리고 인간의 행위와 경험에 유용한 것이 진리이다. 진리라는 것은 "처방전처럼 효험이 나타나야만 인정할 수 있는 것"이다.[5] 그것은 실생활을 위한 도구에 다름 아니다. 실용주의는 실제적인 것과 실생활에 유용한 것을 중시한다. 실용주의는 도구주의로 귀결된다. 이렇듯 미국의 철학은 현실주의적인 실용주의의 덕분에 선험주의적인 서구 철학으로부터 독립을 선언할 수 있었다.

미국은 계몽주의, 청교도 정신, 프런티어 정신 및 실용주의라는 비옥한 정신적, 이념적 토양에서 태동했고 성장했다. 이 모든 것은 근대적인 것이다. 차용하고 스스로 창조하면서 미국은 유럽의 어느 나라보다도 근대적인 모습을 갖출 수 있었다.[6] 서구의 국가들과 달리 전통적인 정치·사회·문화적 권위와 속박이 존재하지 않았던 미국은 커다란 시행착오 없이 보다 순수한 형태의 근대를 건설할 수 있었다. 미국은 전통적인 요소가 없이 순수하게 근대적인 요소만을 가지고 새로운 국가와 사회 건설을 추구했던 그야말로 거대한 근대의 실험실이었다.

근대적인 정신으로 설비된 거대한 실험실에서는 실제적인 기술적 아이디어가 풍성하게 나왔고, 기술이 발명되고 개량·개선되었다. 젊은 미국은 늙은 유럽보다 훨씬 기술 지향적이었고, 기술 친화적이었다. 미국인들은 인간의 모든 노동력을 기계로 대체하고자 노력했다. 그래서 방적업과 같은 단순한 작업을 기계화하려고 했던 유럽인들과는 달리 미국인들은 보다 복잡한 작업을 기계화함으로써 그들의 기술 발전에 시동을 걸었다. 그들은 모든 작업을 기계화·자동화함으로써 모든 생산을 대형화했다. 어느 독일인은 1876년 미국 필라델피아에서

열린 세계 박람회에 대한 보고를 하면서 기계가 "북미인의 본래의 생활요소"가 되었다고 지적한 바 있다. 그는 미국인들의 생활에서 "물질의 절대적 지배"를 보았다. 그것은 "모든 힘이 그에 봉사하는, 속박에서 벗어난 질주, 물질적 이득을 향한 질주의 모습"이었다.[7] 일생 동안 모두 천여 가지의 발명을 했다는 토머스 A. 에디슨(Thomas Alva Edison, 1847~1931)은 이 같은 미국의 기술문화를 가장 전형적이고 극적으로 보여주고 있다. 미국은 19세기 후반기부터 자신들이 기술을 주도하고 지배하는 시대를 열고 있었던 것이다.

제9장

과학혁명 1
신앙과 과학의 조화를 꾀하라

제9장 과학혁명 1
신앙과 과학의 조화를 꾀하라

17세기에는 여러 분야에서 아리스토텔레스를 중심으로 하는 고전 시대의 지적 세계로부터 해방되어 근대적인 자연과학의 체계가 성립했다. 이를 가리켜 과학혁명이라고 한다.

영국의 프랜시스 베이컨(Francis Bacon, 1561~1626)과 프랑스의 르네 데카르트(René Descartes, 1596~1650)가 근대 과학혁명의 철학적 토대를 구축했다. 지동설을 주장한 니콜라우스 코페르니쿠스(Nicolaus Copernicus, 1473~1543)를 필두로 갈릴레오 갈릴레이(Galileo Galilei, 1564~1642), 요한네스 케플러(Johannes Kepler, 1571~1630) 그리고 아이작 뉴턴(Issac Newton, 1642~1727)과 같은 인물들이 물리학 분야에서 과학혁명을 주도했다. 1697년에 출간된 뉴턴의 불후의 명저 『프린키피아』는 과학혁명의 완성된 모습을 담고 있다.

화학에서는 프랑스의 안토니 라부아지에(Antonie Laurent Lavoisier, 1743~1794)가 과학혁명을 주도했다고 보는 견해가 일반적

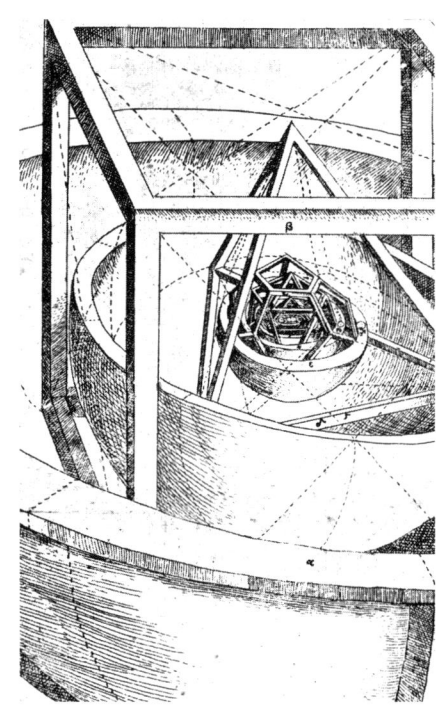
케플러가 생각한 행성의 궤도.

이다. 라부아지에는 산화설을 주창했고 화학의 명명법을 개혁했으며 원소의 근대적 개념을 확립했다. 1789년에 출간된 그의 저서 『화학개론』은 '화학의 프린키피아'라고 불리곤 한다. 하지만, 화학혁명의 씨앗은 뉴턴의 동시대인인 로버트 보일(Robert Boyle, 1627~1691)이 뿌렸다고 보아야 할 것이다. 근대화학의 아버지라고 불리는 보일은 화학 분야에서 신비적이고 마술적인 요소를 버리고 기계론적 과학을 주장한 대표적인 인물이었다. 그는 화학의 진정한 목표와 임무는 "물체의 성분과 조성을 알아내는 데 있다고 강조함으로써 화학을 의학으로부터 분리하여 과학의 한 분과로 수립하였다."더불어 보일은 "관찰과 실험을 통해서만 과학적 성과를 기대할 수 있으며, 이를 위해서 미리 충분한 계획이 수립되어야 한다"고 주장함으로써, 근대적인 화학의 연구방법을 제시했다.[1] 이를 바탕으로 그는 원자론에 바탕을 두는 원소의 개념을 확립했고, 새로운 원소를 발견했다. 그는 또한 공기의 압력과 부피 사이의 물리적 관계를 밝힌 '보일의 법칙'으로도 유명하다. 이런 토대 위에서 라부아지에의 화학혁명이 가능했던 것이다.

라부아지에의 실험실

생물학의 경우도 17세기에 혁명적인 발전이 이루어졌다. 그 주역은 현미경이었다. 1590년경 네덜란드에서 현미경이 발명된 후, 뉴턴의 동료이자 최대 경쟁자였던 로버트 훅(Robert Hooke, 1635~1703)은 세포를 발견하여 세포학의 길을 열었으며, 네덜란드인 안토니 반 레벤후크(Antonie van Leeuwenhoek, 1632~1723) 역시 현미경을 이용해 여러 가지 미생물을 발견하고 혈구와 근육의 미세조직을 관찰함으로써 미

생물학과 조직학의 태동을 가져왔다.[2]

과학혁명은 어느 특정한 과학 분야에 국한된 문제가 아니라 17세기의 여러 과학의 분야를 광범위하게 아우르는 독특한 시대적 에토스 또는 '시대정신(Zeitgeist)'이 표출되고 실현된 결과라고 보아야 할 것이다. 이 에토스 또는 시대정신은 경험적 실험·관찰과 합리적 추론·논증이 결합된 과학자들의 의식과 태도 그리고 자연에 대한 구체적인 연구와 발견을 의미한다. 이를 가리켜 '과학정신' 또는 '과학의식'이라고 명명할 수 있을 것이다. 오스트리아의 철학자 에드가 칠젤(Edgar Zilsel, 1891~1944)에 의하면, 과학정신이란 과학자들이 진보의 이념에 입각해 삶을 영위하고 연구행위를 하는 것을 의미하고, 과학자들은 새로이 획득한 자연에 대한 지식과 그 지식을 실제적으로 응용하는 것을 진보라고 간주한다.[3] 과학정신이라는 새로운 에토스와 시대정신이 태동하는 데에는 다양한 과학내적 및 과학외적 요소들이 다양한 방식과 정도로 영향을 미쳤다.

르네상스 시대를 상징하는 레오나르도 다빈치는 비록 과학과 기술 그리고 예술을 결합시켰고 관찰, 측정, 해부 및 실험과 같은 근대적인 연구방법을 구사했으며 자연법칙과 인과성을 강조하면서 과학적 이론의 토대가 없는 기술적 실천은 사상누각과 같다고 역설했지만, 보편천재인 그는 엄밀한 의미에서 보면 과학자가 아니다. 그에게 과학이란 기술의 개발과 발전이라는 실천적 목적을 위한 이론적 수단의 성격이 강했다. 그런데 다빈치 시대 이후 과학혁명이 진행되면서 점차 과학과 기술 그리고 과학자와 기술자가 분리되었다. 과학혁명에 의해 이루어진 과학과 기술의 분리는 영원한 분리가 아니라 좀 더 높은 차원에서 다시 결합하기 위한 도약이었다. 과학과 기술의 재결합은 산업혁명의 토대가 되었던 것이다.

근대 과학혁명과 관련해 다음과 같은 질문을 던질 수 있다. 과학과 종교의 관계는 어떠했고, 종교의 운명은 어떻게 되었을까? 이 문제와 관련해 가장 먼저 떠오르는 사람은 갈릴레이이다. 그는 종교재판에까지 회부되지 않았던가? 그가 종교재판에 회부되었던 것은 종교와 교회를 부정했기 때문이 아닌가? 기술적 유토피아를 주장한 베이컨, 이성과 사유능력을 인간의 인식과 존재의 근거로 내세운 데카르트 그리고 자연세계의 수학적 원리를 밝혀낸 뉴턴, 그들은 종교와 교회를 부정했을까?

그들에게 신은 부정할 수 없는 존재였다. 오히려 그들은 과학과 종교, 계몽과 신앙의 조화로운 공존을 추구했다.

갈릴레이는 종교와 교회를 부정하지 않았다. 다만 과학을 인정했을 뿐이다. 그는 과학과 종교 사이에 그 어떤 모순이나 갈등도 느끼지 않았다. 그는 교회가 잘못된 교리를 가지고 과학에 대해 부당한 영향력을 행사하며 과학의 발전을 가로막고 있음을 폭로하고자 했을 뿐이다. 그는 코페르니쿠스의 지동설이 프톨레마이오스의 천동설을 공식적으로 채택하는 교회의 입장과는 상반되지만 성서와는 일치한다고 주장했다.

갈릴레이는 하늘의 변화라는 문제에 대해 논하면서 그 분야의 전문가인 카를로 콘티 추기경의 의견을 구했다. 콘티 추기경은 성경은 아리스토텔레스의 원리와 상반되는 내용을 담고 있다고 답했다. 갈릴레이는 안심할 수 있었다. 그는 1613년 12월 21일 가장 가까운 벗이자 아끼는 제자인 베네데토 카스텔리에게 보낸 장문의 편지에서 "성서에는 잘못이 있을 수 없으며, 그 안에 담긴 규칙은 절대적인 진리이자 불가침의 것임"을 강조한 적이 있다.

갈릴레오 갈릴레이.

"나는 성서에는 오류가 있을 수 없지만, 그것을 해석하고 설명하는 자들은 수많은 잘못을 저지를 수 있다는 사실만을 추가하겠네. 이들이 매번 성서에 실린 글의 문자 그대로의 의미에만 집착할 때 말일세. 이런 방식으로는 많은 반박에 부딪칠 뿐 아니라, 보다 심각하게는 이단이나 신성모독으로까지 몰릴 것이네. 따라서 하나님께 손과 발과 눈을 달아드리고, 분노와 후회와 증오, 그리고 때로는 과거사를 잊고 미래에 대해서는 무지한 인간적인 감정을 부여할 필요가 있을 걸세."[4]

그 편지에서 갈릴레이는 성서와 자연은 완전히 일치한다고 주장했다. "성서와 자연은 둘 다 성스러운 언어의 산물이며, 전자가 성령에 의해 쓰여진 반면, 후자는 신명(神命)의 엄격한 집행관이 쓴 책이라네."
그는 계속해서 하나님은 인간의 힘으로 자연에 대한 과학적 진리를 밝히도록 한다고 확신했다. "나는 성서가 오직 성령뿐 과학이나 다른 어떤 수단으로도 설명할 수 없는 구원에 관한 진리를 전달하기 위해 쓰여졌다고 믿는다네. 그러나 우리에게 감각과 말, 지성을 주신 하나님이 이것들의 사용을 제쳐놓게 하셨다고 생각하지는 않으며, 오히려 이러한 것들의 도움을 받아 성서에는 조금도 언급되어 있지 않은 과학에 대해서는 특히 우리 힘으로 알아내도록 인도하신다는 생각이 든다네. 게다가 무엇보다 천문학에 대해서는 밝혀놓으신 게 거의 없어 행성의 이름 하나 안 나와 있지 않은가. 성서의 목적이 사람들에게 천문학을 가르치기 위한 것이었다면 이 문제를 이토록 철저히 간과하시지는 않으셨을 걸세."[5] 이처럼 이미 갈릴레이에게서 종교와 과학, 종교적 구원과 과학적 진리 그리고 성서와 자연의 분화가 진행되었음을 알 수 있다.

또한 베이컨의 경우, 기술적 유토피아를 그리는 그의 저서 『새로운 아틀란티스(The New Atlantis)』를 보면 신과 종교에 대한 그의 입장이 금방 드러난다. 그는 이 저술에서 온갖 기술문명과 물질적 풍요로 가득 찬 유토피아인 '벤살렘 왕국'을 그리고 있다. 거기에 등장하는 과학과 기술의 품목은 너무나도 많아서 일일이 언급하기가 힘들 정도이다. 아마도 그가 상상할 수 있는 모든 것을 다 열거한 듯한 인상을 준다. 베이컨은 『새로운 아틀란티스』를 통해 인류의 진보와 미래 그리고 풍요와 행복은 오로지 과학과 기술에 달려 있다는 메시지를 설파하고자 했다. 그것은 과학적·기술적 계몽이었다.

벤살렘 왕국의 중심에는 '솔로몬 학술원'이 자리하고 있다. 일명 '대학'이라고도 불리는 이 조직은 왕국의 보배요 등불로서, "사물의 숨겨진 원인과 작용을 탐구하고 …… 인간 활동의 영역을 넓히며 인간의 목적에 맞게 사물을 변화시키는 것"을 목적으로 한다.[6] 기술적 유토피아인 새로운 아틀란티스는 바로 이 학술원의 작품이다. 따라서 학술원 회원은 왕국의 그 누구보다

프란시스 베이컨

도 중요한 인물이고 월등한 권위를 지니며 고귀한 인물로 존경을 받는다. 그가 도시에 행차하면 도시의 중요한 관리와 중요 인사들이 모두 그가 탄 전차의 뒤를 따른다. 그와 그가 탄 전차 그리고 전차를 모는 하인들과 그를 따르는 시종들(무려 50명의 시종이 그를 따르고 있다!) 모두 화려한 치장을 하고 있다. 그는 백성들을 측은히 여기고 동정하며 그들에게 축복을 내려준다. 백성들은 전투를 앞두고 포진한 군인들보다 더욱 질서정연한 대열을 갖추고 그를 맞이한다. 실내에서 행진을 지켜보는 사람들 역시 마찬가지다.[7]

기술적 유토피아 왕국의 보배요 등불인 학술원의 이름은 다름 아닌 솔로몬 학술원이다. 솔로몬은 구약성서에 나오는 이스라엘의 왕으로서 지혜를 상징하는 인물이다. "지금까지 지구상에 있던 제도 가운데

가장 고귀한 이 기관"은 "하나님의 섭리와 하나님이 창조한 피조물에 대해 연구하는 기관"이다. 솔로몬 학술원은 달리 '대학'이라고 불린다. 정확히는 '6일 작업 대학'이다. 구약성서에 의하면 하나님은 6일 동안의 작업을 통해 천지를 창조했다. "사물의 진정한 본질을 발견하기 위한 목적"으로, 다시 말해 "피조물을 창조한 신의 영광을 더욱 밝게 드러내면서 동시에 인간이 이들 피조물을 더욱 값지게 활용"하기 위해 학술원을 건립하면서 '6일 작업 대학'이라는 명칭을 부여했단다.[8]

데카르트는 이성의 사유능력을 소유한 인간이 불완전한 존재라는 사실을 잘 인식하고 있었다. 그는 동시에 인간은 완전한 존재에 대한 확실한 관념을 지닌다는 사실도 잘 알고 있었다. 데카르트가 보기에 이 관념은 무로부터 또는 불완전한 존재인 나로부터 얻을 수 없음은 자명했다. 완전한 존재의 관념은 완전한 존재에서 나올 수밖에 없다. 그것은 다름 아닌 신(神)이다.[9] 데카르트에게서도 이성과 신앙은 아무런 갈등을 일으키지 않고 공존할 수 있었다.

데카르트는 세상만물이 정교한 기계장치라는 기계론적 세계관을 주창했다. 데카르트에 의하면, 신은 세상을 창조했지만 이 기계가 스스로의 법칙에 따라서 작동하도록 관여하지 않는다. 이 같은 기계론적 세계관이 형성되는 데에는 당시 발달한 여러 가지 기계장치들, 특히 당시로선 매우 정교한 기계장치였던 시계에 의해서 결정적인 영향을 받았다. 기계장치는 인간이 만들지만 인간의 관여 없이 스스로 움직이는 듯 보인다. 그래서 신과 세상의 관계를 기계 제작자와 기계의 관계로 설명하는 게 가능할 수 있었던 것이다.

한 가지 매우 중요한 사실은 데카르트의 기계론적 세계관이 결코 기독교에 대한 반기나 부정이 아니었다는 점이다. 데카르트는 오히려 자신의 신앙에 도움이 되고자 기계론적 세계관을 주

르네 데카르트

조했다. 사람들은 이것을 매우 위험한 무신론으로 받아들였다. 그의 동료들은 데카르트가 우주로부터 아예 신을 없애버렸다고 생각했다. 하지만, "17세기의 많은 과학자들은 기계론을 어느 정도 받아들이고 싶었다. 그들은 데카르트가 제시한 것처럼 우주는 어떤 점에서는 기계와 유사하다고 믿었다. 사실 그들이 원했던 것은 좀 더 기독교적인 기계였다." 이를 위해 그들은 "영혼이 (좀 더) 스며들어 있는 기계론을 추구하게" 되었다.[10]

세상의 수많은 현상과 과정이 수학적 원리에 의해서 작동하는 단일한 보편적 자연법칙에 의해서 지배를 받는다는 사실을 밝혀냄으로써 그때까지 온통 어둠 속에 가려져 있던 자연과 자연법칙이 마침내 빛을 보게 만들었고 과학혁명을 완성했던 뉴턴은 어떠한가?

흔히 뉴턴을 기계론적 세계관을 대변하는 인물이라고 생각한다. 물론 그의 고전물리학은 기계론적 세계관이 성립하는 데 결정적인 기여

를 했다. 하지만, 그것은 어디까지나 후대의 일이었다. 그는 오히려 데카르트와 같은 기계론자들을 이교도라고 맹렬히 비난했고 증오했다. 뉴턴은 세상을 창조하고 언제 어디서나 존재하며 만물을 지배하고 통치하는 신의 존재를 믿어 의심치 않았다. 그는 『프린키피아』에서 다음과 같이 말했다.

"(신은) 영원서부터 영원으로 지속하며, 무궁서부터 무궁으로 두루 존재한다. 만물을 통치하며, 그 모든 것, 또는 이뤄질 수 있는 모든 것을 알고 있다. 신은 영원과 무한 그 자체는 아니지만, 영원한 것, 무한한 것이다. 지속과 공간이 신은 아니지만, 신은 지속하고 존재한다. 언제나 불변하며, 모든 곳에 존재하며, 또한 언제나 그 모두에 존재함으로써 시간과 공간들을 구성한다. 공간의 그 어느 미소한 부분에도 항시 존재하며, 시간의 그 어느 더 이상 쪼갤 수 없는 순간에도 존재하니까, 만물의 창조자로서 주(主)된 자가, 결코 또한 어디나 존재하지 않는다는 것은 있을 수 없음이 확실하다. 지각을 가진 모든 영(靈)은 서로 다른 시각에 있어서도, 또한 감각과 운동의 기관이 여러 가지로 다르다 해도, 역시 같은 나눌 수 없는 인격이다. …… 우리들이 수시로, 어떤 곳에서 보는 자연의 사물의 여러 가지 양상은, 모두 이 필연적으로 존재하는 신의 개념과 의지로부터 생긴 것뿐이다."[11]

이 세상에 존재하는 모든 사물의 원리는 바로 신이요, 자연에 존재하고 작동하는 모든 힘과 운동의 원인 역시 신이라는 것이 뉴턴의 확고한 신념이었던 것이다.

뉴턴에 의하면, 인력이란 두 물체가 서로 끌어당기는 힘이 아니라 "예지와 힘을 모두 갖춘 신의 깊은 배려와 지배로부터 생겨난 것이 아니고는 이 밖의 것을 생각할 수가 없다."[12] 따라서 그것은 물리적 힘이 아니다. 신은 물리적 존재가 아니기 때문이다. 그것은 어디까지나 수학적 힘이다. 다시 말해 그것은 수학적으로 측정할 수 있고 표현할 수 있는 힘이다. 뉴턴은 인력의 물리적 원인이나 위치에는 완성이 없었다. 그는 그것에 대한 수학적 개념만을 제시하고자 했다.

아이작 뉴턴

여기서 언뜻 뉴턴이 자연과학을 신학에 종속시키고 있다는 인상을 받을 수도 있다. 하지만, 그는 자연과학을 신학에서 분리시켜 독립적인 지위를 부여하고자 했다. 그에 따르면, 자연과학은 우주와 사물을 지배하는 원리와 원인은 알 수 없다. 그것은 어디까지나 비물질적인 것이기 때문이다. 단지 힘이 작용하고 물체가 운동하는 구체적인 현상만 알 수 있을 뿐이다. 자연과학자들도 신학자들이나 형이상학자들과 마찬가지로 신에 대해서 말할 수 있다. 또한 말해야 한다. 하지만, 어디까지나 원리나 원인을 밝힘으로써가 아니라, 사물의 현상들을 밝힘으로써만이 그럴 수 있다. 그들에게는 '왜'가 아니라 '어떻게'가 문제된다. '어떻게'는 실험과 귀납법을 통해서 확인할 수 있고 수학적 원리에 따라 측정하고 표현할 수 있다. 이들 방법을 구사하여 자연과학자들은 신이 우주와 사물을 수학적 원리에 의해서 창조하고 지배하며 통제한다는 사실을 확인할 수 있다.

뉴턴은 선언한다. "나는 가설을 만들지 않는다." 그가 말하는 가설은 오늘날 통용되는 가설이 아니라, "실제로 현상에서부터 꺼낼 수 없는 것들", 즉 원인에 대한 일체의 설명을 가리키는 말이다. 이런 가설은 자연과학에 있어서 "아무런 위치를 차지 못하는 것이기 때문이다." 자연과학에서는 "특수한 명제가 실제의 현상들로부터 추론되고, 후에 귀납법에 의하여 일반화되는 것이다."[13] 이렇게 해서 자연과학은 더 이상 힘과 운동의 원리와 원인에 매달릴 필요가 없어졌다. 이제 실험과 귀납법 그리고 수학적 방법이면 충분하다.

이처럼 뉴턴은 신앙과 과학을 동시에 껴안았던 것이다. "야누스와도 같이 뉴턴은 두 방향, 즉 '미래의 과학'과 '과거의 신앙'을 바라보고 있었던 것이다."[14] 하지만, 야누스 뉴턴은 이 두 가지 범주를 혼동하지도 않았고, 그 둘 사이에 어떠한 위계나 가치의 질서를 부여하지도 않았다. 신앙과 과학은 서로가 분리되고 독립된 세계로서, 서로의 영역을 간섭하거나 침범하지 않는다. 뉴턴은 다음과 같이 말했다.

"신은 물체의 운동으로부터 아무런 손해를 받지 않을 것이며, 물체는 신의 존재로부터 아무런 저항도 받지 않는다."[15]

```
PHILOSOPHIÆ
NATURALIS
PRINCIPIA
MATHEMATICA.

Autore JS. NEWTON, Trin. Coll. Cantab. Soc. Matheseos
Professore Lucasiano, & Societatis Regalis Sodali.

IMPRIMATUR·
S. PEPYS, Reg. Soc. PRÆSES.
Julii 5. 1686.

LONDINI,
Jussu Societatis Regiæ ac Typis Josephi Streater. Prostat apud
plures Bibliopolas. Anno MDCLXXXVII.
```

『프린키피아』. 원제는 '자연철학의 수학적 원리'인 이 책은 뉴턴의 역학 및 우주론(宇宙論)에 관한 연구를 집대성하고 만유인력의 원리를 처음으로 세상에 널리 알린 것으로 유명하다.

뉴턴은 자연과학에서 힘과 운동의 원인을 묻는 전근대적 신학적·형이상학적 걸림돌을 제거했다. 원인은 알 수 없지만 현상을 수학적으로 측정하고 표현하면 충분하다는 것이다. 이것은 일종의 자유선언이었다. 뉴턴의 신념은 "구속하는 족쇄가 아니라 풀어주는 해방이었고, 그 해방은 바로 근대 과학을 이전의 과학과 구분 짓는 특징"이었다. 뉴턴의 후예들인 근대 과학자들은 "힘의 원인이 무엇인지, 에너지가 무엇인지, 하전입자(荷電粒子)가 어떻게 서로를 끌어당기는지에 대해 묻지 않는다. 과학자들의 입장에서는 힘이나 에너지 같은 개념이 수학적으로 정확하고 실험에서 도출 가능하며 뉴턴의 정밀성 기준에 따라 설명이 가능하면 그것으로 충분하다. 형이상학자들이 말하는 '원인' 따위는 과학자들로서는 관심 밖이다. 그들은 『프린키피아』를 통해 자유를 얻었고 자연이 궁극적으로 무엇인가 하는 문제를 해결하지 않고서도 자연을 이해할 수 있게 된 것이다."[16)]

뉴턴의 후예들은 한걸음 더 나아가 유물론적인 기계론적 세계관을 갖게 되었다. 그들은 이를 위해 또 다시 『프린키피아』와 같은 위대한 지적 작업을 할 필요가 없었다. 그들은 그저 신만 내다버리면 되었고 뉴턴의 세계에서 과거의 것은 버리고 미래의 것만 취하면 됐다. 그런데 과거의 것은 이미 버리기 좋게끔 '분리수거'가 가능하도록 대선배에 의해서 깨끗하게 분리되고 포장되어 있었다. '분리수거'를 하자, 즉 뉴턴의 지적 세계에서 우주의 창조자이자 지배자인 신의 섭리라는 관념을 버리자 비물질적인 힘은 물질적인 힘으로 바뀌게 되었다. 이에 따라 인력은 비물질적인 힘이 아니라 물질에 고유한 특성인 물리적인 힘으로 바뀌게 되었다. 인력이란 서로 끌어당기는 힘이다. 뉴턴의 후예들은 '분리수거' 과정에서 수학적 방법마저 버리지는 않았다. 그것은 과거가 아니라 미래에 속하는 것이기 때문이었다.

제10장

과학혁명 2
종교는 과학혁명의 걸림돌이 아니라
디딤돌이었다

제10장 과학혁명 2
종교는 과학혁명의 걸림돌이 아니라 디딤돌이었다

근대 과학혁명은 뉴턴을 위시한 일련의 천재들에 의해 성취되었지만 몇몇 위대한 과학자들만의 작품은 결코 아니었다. 과학혁명에는 수많은 역사·사회·문화적 요소가 크고 작은 영향을 끼쳤다. 그 가운데 몇 가지만 언급해 보자. 이전부터 축적되어 온 과학적 업적을 비판적으로 검토·수용하고 수정하거나 전복하며 새로운 것으로 대체시킴으로써 과학의 발전은 가능했다. 근대 과학혁명을 완성한 뉴턴은 이렇게 말한 적이 있다. "내가 좀 더 멀리 바라볼 수 있었던 것은 거인들의 어깨 위에 서 있었기 때문이다." 그는 코페르니쿠스, 케플러, 갈릴레이와 같은 거인들의 어깨 위에 서서 그들보다 더 멀리 볼 수 있었던 것이다. 과연 누가 과학의 발전이 무엇인가를 이보다 더 상징적으로 표현할 수 있겠는가?

이와 더불어 의견과 지식 그리고 비판을 교환하며 서로 격려하고 견제 및 경쟁을 할 수 있는 과학공동체(scientific community)가 존재했다. 영국의 왕립학회가 대표적인 경우이다. 또한 신흥 부르주아지인 상공인 계층이 경제적 이득을 가져올 기술의 발명에 필요한 과학적 연구를 장려하는 사회적 분위기를 조성했다. 그리고 청교도는 과학이 사회적으로 제도화되는 데 정당성을 부여했다. 다시 말해, 종교는 근대 과학혁명의 방해물이 아니라 그 견인차였던 것이다.

종교가 과학에 끼친 영향에 대해 얘기하기 전에 먼저 과학공동체 문제를 살펴보자.

17세기에 과학이 비약적으로 발전할 수 있었던 가장 커다란 이유 가운데 하나가 연구소, 학회 또는 아카데미와 같은 과학공동체의 설립에 있었다. 이들 공동체는 과학을 조직화하고 제도화해서 과학이 사회의 문화적 요소로 정립되고 사회적 가치와 위세를 획득하는 데 결정적인 기여를 했으며 기술과 산업의 발전에 커다란 공헌을 했다.

당시 과학과 기술에 대한 정보의 교환은 주로 서신연락을 통하거나 살롱 모임을 통해서 이루어졌다. 하지만, 점차 증가하는 지식과 정보는 좀 더 조직적이고 체계적인 교류와 논의 및 연구의 필요성을 대두시켰다. 이미 오래 전부터 대학이라는 과학공동체가 존재하고 있었지만 여전히 전통적인 아리스토텔레스 철학과 중세적인 스콜라 철학이 지배적이었다. 1651년 어느 청교도 학자는 다음과 같이 대학을 신랄하게 공격한 적이 있다.

"그들(대학들)은 도대체 어디에서 진리의 추구 또는 발견에 기여하고 있는가? 다른 부류의 철학에 앞서서 다양한 산 경험을 통해 이

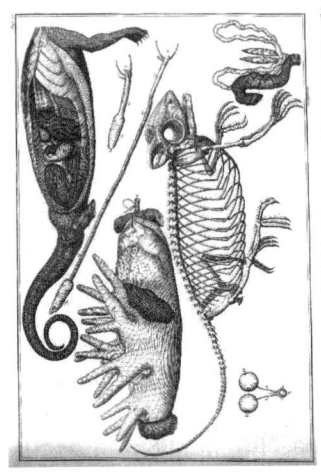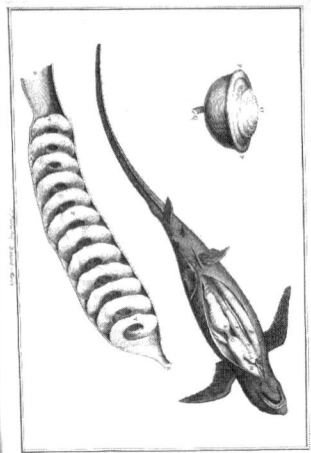

프랑스 왕립 과학 아카데미에서 발표한 동물의 자연사 논문에 등장하는 동물 해부도.

루어진 자연의 시녀인 기술과학(Mechanicall Chymistrie)에 관련해서 어디에 무엇을 해놓았는가? 실험의 검사와 논리는 어디서 하고 있는가? 새로운 발명을 고취시키고 완성시키며 자극하는 새로운 지식은 어디서 고무시키고 있는가? 생체나 사체 해부학 또는 식물도감에 대한 지속적인 연구는 어디서 하고 있는가 옛 실험과 전통적인 실험을 검토하고 지식의 전당을 괴롭히는 어리석음을 추방하는 일은 어디서 하고 있는가?"[1]

이 같은 시대적 상황과 분위기에서 새로운 과학공동체가 등장하게 되었던 것이다. 순수하게 과학내적인 필요성과 요구만을 반영한 것은 아니었다. 과학이 기술과 산업 및 경제의 발전에 이바지하고 국가의 부를 증가시키고 군사력을 강화시킬 수 있는 실제적 유용성이라는 사회적이고 과학외적인 동기가 강하게 작용한 결과였다. 이탈리아, 영국, 프랑스, 독일을 위시해 오스트리아, 스웨덴, 러시아, 미국 등에서 각종 과학공동체가 등장했다. 그 가운데 대표적인 것으로는 1657년 이탈리아에 설립된 '실험연구소(Accademia del Cimento)', 1662년 영국에 설립된 '왕립학회(Royal Society)', 1666년 프랑스에 설립된 '왕립과학 아카데미(Académie Royale des Sciences)' 그리고 1700년 독일에 설립된 '베를린 과학 아카데미(Akademia der Wissenschaften zu Berlin)'를 꼽을 수 있다.

영국에는 왕립학회가 존재하기 이전인 1644~1645년 무렵부터 실험과학을 추구하는 두 개의 단체가 있었다. 그 하나는 수학자 월리스를 주축으로 하는 '철학협회', 또 다른 하나는 로버트 보일이 중심이 된 '보이지 않는 대학(invisible college)'이었다. 이 '보이지 않는 대학'이 발전하여 1662년 왕립학회가 탄생한 것이다.

왕립학회의 이념은 베이컨의 저서에 나오는 솔로몬 학술원으로 거슬러 올라간다. 이 학술원은 베이컨이 그린 기술적 유토피아인 새로운 아틀란티스의 중추적인 기관이자 기둥이며 보배이다. 그는 실제로 학회를 설립하기 위한 토론회에 참석하여 학회설립의 취지를 밝히면서, 국가는 산업의 발전과 촉진을 위해 유용한 과학과 기술을 장려하고 후원해야 하고, 학회는 어디까지나 학자들의 자발적인 자체단체가 되어야 한다고 역설했다.

학회의 이념과 목적은 베이컨주의 바로 그것이었다. 로버트 훅

왕립학회는 경험과 실험을 중시했고, 새로운 사실이나 법칙을 발견한 사람은 회원들이 지켜보는 가운데 실험과 증명을 해야 했다.

(Robert Hooke)이 기초한 1663년도 학회의 사업계획을 보자.

"베이컨적 정신과 기술에 관한 유용한 지식의 개선과 수집, 그에 따른 합리적인 철학체계의 건설, 이미 잃어버린 기술을 다시 발견하는 것, 고대나 근대의 저서에 기록되어 있는 자연적, 수학적, 기계적인 사실에 관한 일체의 체계화 그리고 원리, 가설, 설명, 실험을 조사하는 일이었다."[2]

다시 말해 "당시 인간이 소유하고 있던 자연과 기술에 관한 지식을 개선함과 동시에 과거의 지식을 복원하고, 나아가 지금까지 달성한 모든 과학의 이론과 실험을 다시 검토하려는 데 그 목적이 있었던 것이다."[3]

왕립학회는 신학, 형이상학, 도덕, 정치, 문법, 논리학, 수사학 등에는 일체 관여하지 않는다는 원칙을 고수했다. 이들 분야는 당시의 대학에서 주로 다루었다. 그보다 학회는 "자연과 기술에 관한 모든 현상

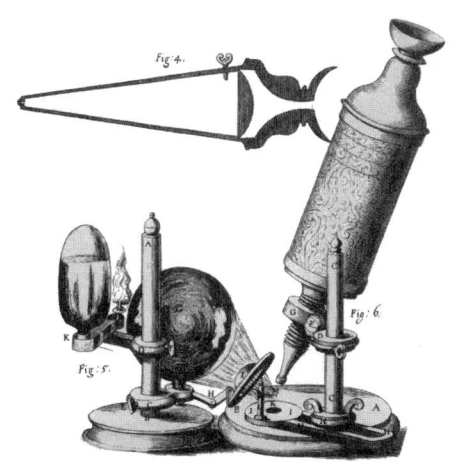

로버트 훅의 현미경.
훅은 현미경의 조명장치를 고안해서 개량한 현미경으로 동식물을 상세하게 관찰하는가 하면, 코르크 조각을 관찰재료로 해서 식물의 세포구조를 발견하기도 하는 등 여러 분야에서 연구했다. 또한, 천문학·기상학·해양학 등에서의 필요 때문에 시계의 개량, 풍력계(風力計)의 제작, 그 밖에 각종 측정기구를 개량·창안했으며, 1678년 탄성(彈性)에 관한 훅의 법칙을 제시했다. 1666년 런던의 대화재 이후 시(市)의 측량감독관으로서 도시부흥계획에 종사했다. 항상 뉴턴의 논적(論敵)이었으며, 특히 만유인력법칙에 관한 선취권(先取權) 문제로 화제를 불러일으켰다.

을 설명하는 원인에 관해서 분석적으로 논술하려고 시도하고, 완전한 철학적 체계를 쌓는 것"에 최종목표를 두었다.

영국의 왕립학회는 순수한 이론보다는 경험을 더욱 중시했으며, 연구의 중점도 강연이 아니라 실험에 있었다. 그리하여 새로운 사실이나 법칙을 발견한 사람은 회원들이 지켜보는 가운데 실험과 증명을 해보였다. 이 학회를 언급하면서 반드시 짚고 넘어가야 할 사항은 학술지의 발행이다. 『철학회보(Philosophical Transaction)』라는 제목으로 발간된 학술지를 통해 사람들은 과학과 기술에 관한 정보를 교환하고 지식을 공개하고 비판하며 서로 자극을 주고받을 수 있었다. 왕립학회는 국가로부터 어떠한 종류의 연금이나 보수를 받거나 특권을 받지 못했고, 일종의 순수한 과학 동호인 모임의 성격을 띠고 있었다. '왕립(royal)'이라는 표현은 명예와 위세를 나타낼 뿐이었다. 그만큼 과학과 기술의 사회적 위상이 높아졌다는 이야기가 된다.

오늘날과 같이 세속화된 사회에서는 종교와 과학이 엄격하게 분리되어 있다. 둘은 서로 갈등하고 투쟁하기도 한다. 그리하여 종교가 과학의 발전에 자극제와 추진제로 작용한다고 생각하지 않는다. 아니 별개의 세계라고 생각하기 쉽다.

그러나 종교적인, 너무나 종교적인 시대에는 종교와 과학의 관계가 다르게 설정된다. 사회에서 지배적인 지위를 점하는 종교는 과학의 발전에 긍정적인 견인차 역할을 하기도 하고, 부정적인 저해 요소가 되기도 한다. 과학혁명이 일어나던 17세기의 서구사회는 오늘날 우리가 상상할 수 없을 정도로 종교적인, 너무나 종교적인 시대였다. 구원이라는 종교적인 가치가 모든 가치를 초월하는 최고이자 최상의 가치였다. 따라서 종교는 다른 모든 삶의 영역들을 그 내부에 포괄하면서 의미를 부여하고 가치를 창출하며 사회를 통합하는 역할을 수행했다. 당시의 종교 가운데 개신교인 칼뱅교와, 그것의 영국적인 신앙형태인 청교도는 과학이 혁명적으로 발전하는 데 매우 긍정적인 자극제와 추진제가 되었다.

그런 시대적 상황에서 과학이 발전하려면 적어도 과학이 종교적 교의에 배치되지 않거나 종교가 적극적으로 과학에 의미와 가치를 부여하고 과학자들에게 동기와 권위를 부여해야 한다. 과학적 연구와 발견의 행위가 신성한 종교적 의무의 수행이라고 받아들여지면 과학은 더할 나위 없이 든든한 후원자를 만나게 되는 것이다.

청교도는 과학에 다음과 같은 세 가지 가치와 의미를 부여해 주었다. 자연과학은 "첫째로 과학자가 부여받은 은총의 산 증거를 확립해 주고, 둘째로 자연의 통제를 확대해 주고, 셋째로 신을 영광되게 하는 수단"이었다. 과학은 과학자 자신이 구원받았다는 증거이며 인류의 복지에 이바지하며 신의 위대한 영광을 드높이는 것이었다. 신이 천지를 창조한 목적은 신의 영광과 인간의 복된 삶 두 가지에 있었다. 과학은 과학자 개인, 전체사회 그리고 신에 대한 봉사자로 확고한 자리를 잡게 되었다. 당시의 과학자들은 자연에 대한 실험연구야말로 그 무엇보다도 신에 대한 숭배와 찬미를 불러일으킨다고 생각했으며 실험과학 자체가 신성한 종교적 의무를 수행하는 것이라고 생각했다.[4] 실험과학을 추구한 왕립학회의 1663년도 회원 수는 총 68명이었는데, 그 가운데 42명이 청교도였다.[5]

청교도는 지속적이고 체계적이며 조직적으로 노력하고 근면검약하면서 신으로부터 받은 소명인 직업에 헌신하라고 가르쳤다. 이를 가리켜 금욕적·합리적 생활양식이라고 부른다. 당시 과학자들은 실험과학보다 더 청교도의 이념에 부합할 수 있는 게 무엇이냐고 물었다. 깊숙이 감추어져 있는 자연의 법칙은 지속적인 노력과 인내에 의해서만 발견할 수 있기 때문에 과학연구야말로 가장 커다란 근면을 요구하는 인간의 행위에 속하는 것이었다. 17세기의 가장 위대한 임상연구자의 말을 인용하자면, 실험과학은 "어느 한 사람의 부단한 노력, 아니 그보다 막강한 '종교회의'의 지속적인 힘에 의해서도 성취될 수 없는" 것이다.[6]

청교도는 세상과 격리된 수도사의 금욕주의와 명상보다 세속에서 적극적이고 근면하게 실험과 발견에 종사하는 과학자의 행위에 더 커다란 종교적 가치와 의미를 부여했다. 자연과학의 연구는 "우리를 비밀의 장막 속에 넣어두지 않는다. 그것은 우리로 하여금 세상에 봉사할 수 있게 하여 준다."[7] 이처럼 청교도는 과학과 마찬가지로 경험주의와 공리주의를 신봉하고 추구했다.

청교도는 이성에 의한 감정의 제어와 철저한 논증을 중시했다. 청교도는 합리성의 종교이자 합리주의의 종교였다. 이성은 경험을 초월하는 형이상학적 존재가 아니라 어디까지나 경험의 근거이자 수단이었다. 합리주의와 경험주의의 결합이 이루어졌던 것이다. 바로 이 점이 청교도와 과학의 가장 두드러진 유사점이고 일치점일 것이다. 합리주의와 경험주의의 경합은 근대 과학정신의 본체이자 핵심이었다.

경험주의, 곧 실험적 연구방법에 대한 청교도의 강조는 "정관(靜觀)을 나태한 것으로 그리고 육체적 에너지를 사용하고 물질을 대상으로 일하는 것을 근면한 것으로 동일시하는 생각과 밀접하게 연관되어 있었다. 실험은 청교도의 실용성, 능동성 및 규율성의 과학적 표현이었다. 이는 물론 어떠한 의미로든 실험이 청교도주의로부터 도출되었다는 것을 뜻하지 않는다. 그러나 그것은 새로운 실험과학이 눈은 천국을 바라보고 발은 현세에 견고하게 딛고 서 있던 사람들에 의해서 열렬한 지지를 받은 이유를 잘 설명해 준다. 더 나아가서 트뢸치(Ernst Troeltsch, 1865~1923; 독일의 철학자이자 신학자)가 주장했던 것처럼 신의 절대적 지선성을 폐기했던 칼뱅주의는 모든 것에 대해 개인적이고 경험적이며 실질적으로 구속받지 않으며 공리주의적인 판단을 강조하는 경향이 있었다. 트뢸치는 이러한 정신의 영향 안에 앵글로 색슨 사상의 매우 중요한 요소인 경험적이고 실증주의적인 성향이 있었음을 발견했다."[8]

청교도는 과학을 그 자체로 하나의 자율적인 가치와 의미의 영역으로 독립되도록 만들었다. 종교는 시간이 지남에 따라 점차 과학과 경쟁하고 갈등을 겪어야만 하는 문화사적 운명에 처하게 되었다. 다른 여러 삶의 영역들 역시 스스로가 최고이자 최상의 가치로서 종교에 대항해서 자기주장을 하고 자기를 관철시키기에 이르렀다. 오늘날의 세계는 다양한 가치들이 영원히 투쟁을 벌이는 무대이다. 오늘날의 세계는 막스 베버의 표현대로 가치 다신주의(Wertpolytheismus)의 시대이다. 나에게 신인 것이 너에게는 악마가 될 수 있으며, 역으로 나에게 악마인 것이 너에게는 신이 될 수 있다. 이러한 가치다신교적 상황에서 개인들에게 주어진 유일한 대안은 주체주의적이며 개인주의적인 원리와 원칙이다.

"각자 인간에게는 그가 지닌 궁극적인 입장에 따라서 어떤 것은 악마가 되고 또 다른 어떤 것은 신이 된다. 또한 각자 인간은 자신에게는 무엇이 신이고 무엇이 악마인가를 결정하지 않으면 안 된다. 그리고 이것은 삶의 모든 질서에 걸쳐서 일어난다."[9]

과학과 기술의 합리주의와 지성주의가 지배하는 오늘날에는 종교적 이념과 그 신앙의 표상은 비합리적으로 비치기 마련이며, 종교는 과학이나 자본주의 그리고 정치와 같은 여타의 합리적이고 지성주의적인 삶의 영역들과 벌이는 영원한 투쟁의 결과로 점점 더 비합리적인 정서적 영역으로 밀려나고 있다.

"합리화와 지성주의화, 그 중에서도 특히 세상의 탈주술화의 시대인 우리 시대의 운명은 바로 궁극적이며 가장 숭고한 가치들이 공공의 장에서 물러나서 신비적인 삶이라는 은둔의 왕국으로 퇴장했거나, 또는 개인들 상호간의 직접적인 관계의 형제애 속으로 퇴장했다는 사실이다. 우리 시대의 최고 예술은 은밀한 예술이지 기념비적인 예술이 아니라는 점은 결코 우연이 아니다. 그리고 과거에는 예언자적 성령으로서 격렬한 열정을 가지고 대규모 신앙 공동체들에 전파되면서 그들을 결속시킨 것이 오늘날에는 다만 가장 작은 공동체 내부에서만 인간 대 인간의 관계로 매우 약하게 고동치고 있다는 사실도 또한 결코 우연이 아니다."[10]

바로 이것이 근대과학과 근대세계의 태동에 중차대한 문화사적 의미를 지니고 있던 개신교가 오늘날 처한 문화사적 숙명인 것이다.

제11장

계몽주의
이성과 일치하는 종교를 위하여

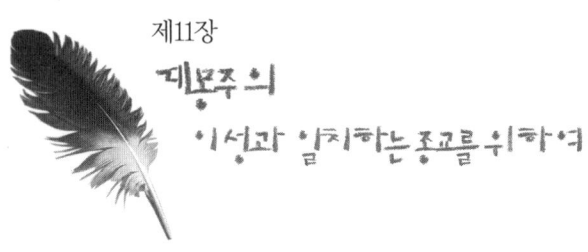

제11장 계몽주의 이성과 일치하는 종교를 위하여

계몽주의(啓蒙主義)는 18세기에 서구를 지배했던 사상적 조류로서, 르네상스와 종교개혁을 거치면서 진행된 인간의 사고와 행위 그리고 인간의 사회적 삶의 합리화 과정이 마무리되는 단계라고 볼 수 있다. 대표적인 계몽주의 사상가로는 영국의 존 로크(John Locke, 1632~1704)와 프랑스의 장 자크 루소(Jean Jacques Rousseau, 1712~1778) 그리고 독일의 임마누엘 칸트(Immanuel Kant, 1712~1804)를 꼽는 것이 일반적이다.

계몽주의 사상의 본질은 "이미 판에 박혀버린 여러 가지 문제에 새 빛을 던질 길을 모색하는 데 있다." 그래서 계몽을 표현하는 유럽의 세 가지 언어 속에는 "빛이 점차로 증가한다는 이미지가 적절히 암시되어 있다." 영어, 독어 그리고 불어로 계몽을 각각 'Enlightenment', 'Aufklärung' 그리고 'Lumières'라고 하는데, 영어의 'light'과 불어의 'lumière'는 '빛'을 의미하고, 독어의 'klar'는 '명쾌함'을 의미한다.[1]

자크 루이 다비드, 〈호라티우스 형제들의 맹세〉, 1784년.
계몽주의 시대의 대표적인 화가 다비드의 이 그림은 프랑스 혁명이 발발하기 5년 전에 제작되었으며, 신고전주의의 신호탄이자 다가올 혁명에 대한 예고였다. '혁명을 앞지른' 미술이라는 말이 생겨날 정도로 혁명 전야의 투지 정신을 담아내고 있으며, 당시 열광적인 반향을 불러일으키기도 했다. 장면은 늙은 부친 호라티우스 앞에 한 줄로 선 삼형제가 조국을 위해 싸움터를 떠나기에 앞서 부친께 맹세를 하고 있는 긴박한 순간이다. 오른쪽에 슬픔에 젖어 있는 연약한 여인들의 표정은 한층 감동적인 요소를 더한다.

    계몽주의가 지니는 가장 중요한 정신사적 의미는 무엇보다도 이 철학사상에 이르러 비로소 자율적이고 주체적인 개인으로서의 인간 개념이 확고하게 정립된다는 점에서 찾아볼 수 있을 것이다. 일반적으로 계몽주의의 완성자라고 간주되는 칸트는 계몽주의란 인간이 그 스스로에게 책임이 있는 미성숙함으로부터 벗어나는 것이라고 정의한 바가 있다. 다시 말해 계몽주의는 성숙한 인간을 지향한다는 뜻이다.
    계몽주의자들은 인간이란 이성을 지닌 존재로서 모두가 선천적으로 자유롭고 평등하며, 누구든지 행복을 추구할 권리가 있다고 주장했다. 그들은 종교나 전통, 권위와 같이 인간과 그의 자유를 구속하고 인간을 불평등하게 만드는 일체의 정신적·사회적 세력과 요소를 부인했다. 계몽사상에 이르러서야 이성을 바탕으로 인간과 그의 존재, 사고 및 행위에 대한 이론을 전개시킬 수 있게 되었다.

계몽주의는 이성 만능주의에 사로잡힌 나머지 종교를 부정했다고 믿기 십상이다. 계몽주의 사상가들 가운데에는 유물론자들이 있었지만 계몽주의는 일반적으로 신의 존재를 인정했다. 종교 역시 인간의 이성과 일치해야 한다는 것이 그들의 확고한 신념이었다. 계몽주의자들은 인본주의적 종교를 주창했던 것이다. 대부분의 계몽 사상가들은 "신이 없는 세상을 상상하는 것은 비합리적인 일이라고 생각했다. 그렇게 생각하기엔 세계가 너무 합리적으로 짜여 있다는 것이다. 뉴턴도 이와 같은 생각을 주장했다. 마찬가지로 영혼의 불멸에 관한 믿음 역시 이성적인 것이라 간주되었다. 데카르트와 마찬가지로 계몽 사상사들에게도 인간이 정말 불멸의 영혼을 가지고 있는가 하는 문제는 믿음의 문제라기보다는 이성의 문제였다."[2]

칸트는 다른 계몽주의자들과 달리 신앙을 이성으로부터 분리시켰다. 그러나 그는 결코 종교를 거부하지 않았다. 신앙과 이성의 분리는 이성의 힘으로는 신의 존재를 증명할 수 없다는 것을 의미할 뿐이다. 신의 문제는 어디까지나 믿음의 문제라는 것이 칸트의 확고한 신념이었다. 칸트에 따르면, 이성을 척도로 판단하면 신이 존재할 수도 있고 존재하지 않을 수도 있다. 영혼의 불멸성, 인간의 자유의지 그리고 세계의 무한성 역시 그러하다. 이성의 관점에서 보면 영혼은 불멸할 수도 있고 불멸하지 않을 수 있고, 인간은 자유의지에 따라 행위할 수도 있고 자연세계를 지배하는 필연성에 따라 행위할 수도 있으며, 세계는 무한할 수도 있고 무한하지 않을 수도 있다. 이런 모순은 이성이 그 영역과 권한을 벗어나는 문제를 다루려고 하기 때문이라는 것이다.

임마누엘 칸트.

이렇듯 칸트는 신의 존재를 증명하려고 시도하는 대신에 인간의 도덕적 실천을 위해 필요한 전제조건으로 요청했다. 그는 다른 계몽주의 철학자들과 달리 이성의 시대에 이성의 한계와 능력을 명백히 하면서 인간의 삶과 행위에 종교가 자리할 여지를 남겨 놓았던 것이다.

계몽주의 철학자들은 한걸음 더 나아가 국가는 여러 개인들이 자유롭고 평등하며 행복한 삶을 추구하기 위해서 상호간에 맺은 계약에 지나지 않는다고 주장했다. 이를 일반적으로 사회계약설(Contract Social)이라고 하는데, 루소의 저서인 『사회계약론』(1762)에 잘 나타나 있다. 몽테스키외(Charles Montesquieu, 1689~1755)는 『법의 정신』(1748)에서 국가의 권력을 입법, 행정 및 사법의 세 부분으로 나누어야 한다고 주장했다. 이른바 삼권분립의 원칙이다.

계몽주의 사상은 미국의 독립전쟁과 프랑스 혁명에 이념적 토대를 제공했다. 그리고 오늘날의 민주주의는 바로 계몽주의 정신에 기초하고 있다.

계몽주의 철학자들에게 있어서 "삶에 의미를 주는 인간의 사명은 가능한 한 가장 넓은 범위의 자율적·비판적 지식을 획득하여 그것을 자연에는 기술적으로, 사회에는 도덕적·정치적 행위를 통하여 적용하려는 시도 속에 놓여 있다. 더욱이 지식을 획득함에 있어서 인간은 그의 사고가 어떤 권위나 편견에 영향 받지 않도록 해야 하며 판단의 내용이 자신의 비판적 이성에 의해서만 결정되도록 해야 한다."[3]

계몽주의 철학자들은 인간의 이성이 획득하고 축적한 모든 철학적 사상과 과학적 지식 및 실제적 기술은 이성을 소유한 모든 사람들이 자유롭고 평등하게 접근하고 사용할 수 있어야 한다고 역설했다. 그래야만 이성의 자연에 대한 지배력이 확대되고 인간 사회가 진보하며, 그 결과 인류의 행복이 증진된다고 그들은 믿어 의심치 않았다.

계몽주의 이념을 가장 확실하고 구체적인 방법으로 구현한 것이 1751~1772년에 프랑스에서 총28권으로 간행된 소위 『백과전서(Encyclopédie)』이다. 디드로(Denis Diderot, 1713~1784)와 달랑베르(Jean d'Alembert, 1717~1783)가 편집을 맡았으며, 이 두 사상가를 포함해 수많은 철학자들, 과학자들, 수학자들, 다양한 전문직에 종사하는 상인과 기능인들 그리고 성직자들이 공동으로 집필에 참여했다. 이들을 가리켜 '백과전서파'라고 부른다. 백과전서는 철학, 수학, 과학, 역사, 지식, 예술, 기술 및 직업을 집대성해서 광범위하게 보급하는 것이 목적이었다. 바늘의 생산에서 대포의 주조에 이르기까지 모든 것이 수록되었다. 달랑베르는 「서문」에서 백과전서의 목적을 다음과 같이 밝혔다.

"우리가 시작한(그리고 완성하기를 원하는) 이 저서는 두 목표를 갖는다. 이 저서는 백과사전처럼 인간 지식의 질서와 맥락을 가능한 한 설명해야 한다. 과학과 기술, 공예에 관한 이론적 사전처럼 이 저서는 인문적인 것이든 기술적인 것이든 각각의 학문과 기술에 관해 그 기초가 되는 일반적 원칙들과 그 실체이자 본질인 가장 중요한 세부사항을 포함해야 한다."[4]

백과전서의 큰 특징은 기술과 직업을 장려했다는 사실이다. 예컨대 디드로는 백과전서에 참여한 대부분의 시간을 기술과 직업에 관한 부분에 할애했다고 한다.[5]

백과전서는 합리적인 계몽주의 운동 전체의 "상징이자 강령"이었다. 왜냐하면 거기에 제시된 원칙들은 계몽주의의 기본 이념 가운데 다음과 같은 두 가지 중요한 특징을 표현하고 있기 때문이다:

(a) 가능한 한 알기 쉽게 지식을 만드는 데 최대의 중점을 둔 점.
(b) 이 지식을 알파벳 순서에 따라 전달하기 위해 지식의 항목들을 결집하려는 생각.[6]

백과전서가 영국이 아닌 프랑스에서 기획되고 간행되었기 때문에 이 방대한 사업은 영국의 산업혁명과는 무관할 것이라고 생각할 수도

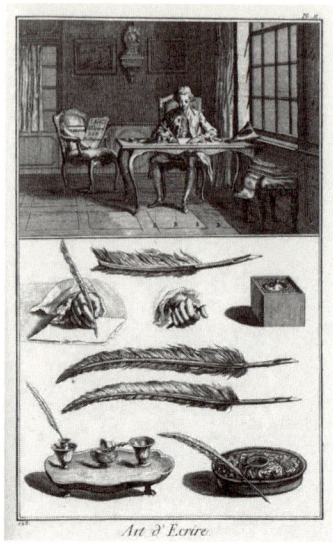

『백과전서』 중 디드로가 집필한 '글쓰기의 기술'의 한 부분.

있다. 하지만, 영국에서는 백과전서보다 앞서 이미 18세기 초부터 계몽주의의 성격을 띤 사전들이 많이 간행되었다. 예컨대 1704년에 런던에서 나온 『기술사전』과 『기술과 과학의 일반사전』을 언급할 수 있다. 영국은 프랑스의 모델이 되었다. 왜냐하면 백과전서는 1728년 런던에서 간행된 『백과사전 또는 기술과 과학의 일반사전』을 번역하는 것에서 출발했기 때문이다.[7] 이렇게 보면 인간의 이성이 합리적인 방법으로 획득하고 축적한 과학과 지식 및 기술을 집대성해서 널리 보급하고자 하는 계몽주의 운동은 영국의 사전 간행 작업에서 시작되어 프랑스의 백과전서 편찬에서 완성되었다고 할 수 있다.

계몽주의와 백과전서는 그동안 쇠사슬에 묶여 있던 인간의 이성을 완전히 해방시켰다. 프로메테우스가 해방된 것이었다. 모든 권위와 전통 및 속박으로부터 말이다.

그런데 인간은 거기서 한걸음 더 나아가 신으로부터도 해방되었다. 신은 더 이상 인간의 후견인이나 주님, 주인님이 아니었다. 신은 아예 지상세계에서 은퇴를 선언해 버렸고, 신이 떠난 자리에 인간이 서게 되었다. 인간은 괴테(Johann Wolfgang von Goethe 1748~1832)의 파우스트(Faust)처럼 스스로의 주인이 된 것이다.

"인간이 스스로의 주인이 되었다 함은 그가 더 이상 신에 의해 결정되는 존재가 아니며, 자신의 삶과 자신의 세계를 능동적으로, 다시 말하면 스스로의 행동을 통해 만들어 나가는 위치에 들어섰음을 의미한다. 비록 인간의 세계가 지상으로 한정되어 있으나, 이 지상의 세계에서만은 인간은 더 이상 수동적인 '피조물'이 아니라 영원한 생성을 실현해 나가는 능동적인 '창조주'이며, 창조는 이제 신의 일이 아니라 인간의 과제가 된 것이다."[8]

지금 파우스트는 결코 만족될 수 없는 무제한적인 욕망과 결코 실현될 수 없는 무한한 목적에 사로잡혀 있다. 그는 영원한 불만족의 상태에 머물러 있다.

이성이라는 '전지전능한' 지적 능력과 도구를 소유한 창조주 인간은 무한대의 기술 개발과 혁신이라는 욕망과 목적에 사로잡혀 있고, 신이 자연을 창조한 설계도이자 암호인 유전자 지도까지 훔쳐내 생명 과정에까지 개입하게 되었으며, 신이 자연에 부여한 기본 단위이자 질서인 원자와 분자의 세계에서 '레고' 놀이를 하기에 이르렀다.

제12장

종교가 된 기술
가치 다신주의 시대의 종교와 기술

제12장
종교가 된 기술
가치다신주의 시대의 종교와 기술

종교와 기술에 대한 지금까지의 논의는 사실 종교적 가치와 이상이 인간의 모든 행위와 삶에 결정적인 영향력을 행사하던, 다시 말해 이 세상의 전철수(轉轍手) 역할을 수행하던 과거지사에 속하는 일이다.[1] 프로테스탄티즘 윤리와 자본주의 정신의 관계에 대한 연구와 관련해 베버는 다음과 같이 말했다.

> "과거에는 도처에서 주술적인 힘과 종교적인 힘 그리고 그에 대한 신앙에 근거를 두는 윤리적인 의무의 표상이 생활양식을 형성하는 가장 중요한 요소에 속했다."[2]

그러나 도구적 합리주의와 기술적 세계지배가 최고이자 최상의 가치로 군림하는 세속화된 오늘날의 세계에서는 기술이 종교와 무관하게 존재하고 발전하며, 종교와 갈등하고 경쟁하며 투쟁한다. 기술이외의 다양한 삶과 행위의 영역들도 마찬가지다.

베버는 오늘날 세계에서는 다양한 가치들이 서로 갈등하고 투쟁한다는 가치 다신주의(Wertpolytheismus) 테제를 내세웠다.

> "가치들 사이의 관계는 어디서나 그리고 언제나 궁극적으로는 대안의 관계가 아니라 화해할 수 없는 사생 결단적인 투쟁의 관계이다. 이 관계는 마치 '신'과 '악마' 간에 벌어지는 투쟁의 관계와 같다. 가치들 사이에는 그 어떠한 상대화도 그리고 타협도 있을 수 없다."[3]

베버는 현대 세계에 특유한 가치 다신주의적 체험을 다음과 같이 여러 가지로 표현했다.

> "여러 개의 가치영역들이 서로 교차하고 뒤엉켜 있다", "서로 철전지 원수지간인 가치들", "'신'과 '악마' 사이의 선택", "서로 충돌하는 가치들", "가치충돌" …….[4]

이러한 가치 다신주의는 베버의 분석에 의하면 다음과 같은 문화사적 과정의 결과이다. 장기간에 걸친 그리고 다양한 삶의 영역에서 진행된 탈주술화와 합리화 과정의 결과 종교는 이제 모든 삶의 질서와 세력들에 대해서 의미를 부여하고 인간의 행위에 대해서 지향성을 제시하는 전통적인 의의와 기능을 상실하게 되었고, 이에 상응해서 다양한 삶의 질서와 세력들이(이를테면 정치적, 경제적, 과학적, 윤리적, 미학적 그리고 에로스적인 삶의 질서와 세력들이) 자체적으로 고유한 문화적 가치로 독립하게 되었으며, 다양한 사회적 공간에 제도화되기에 이르렀다. 베버는 이런 문화사적 과정을 다음과 같이 상징적으로 표현했다.

> "옛날의 많은 신들은 이제 그 주술적 힘을 잃어버리고, 그래서 비인격적인 힘의 형태로 그들의 무덤으로부터 나와서 우리의 삶을 지배하고자 하며, 또 다시 서로간의 영원한 투쟁을 시작하고 있다."[5]

근대에 들어 일신교 또는 일신주의는 물러나고 그 대신에 다신교 또는 다신주의가 부활했다. 이는 고대 그리스의 다신교가 부활했음을 의미하는 게 결코 아니다. 탈주술화와 합리화의 문화사적 과정은 철저한 주관주의적 전회를 동반했다.

근대의 다신주의적 가치들은 개인이나 또는 집단에 의해서 인정을 받고, 바로 이에 근거해 실제로 그들의 행위에 영향을 미치느냐 아니냐 하는 문제와는 전혀 상관없이 스스로의 논리와 법칙에 따라 존재함은 물론이다. 중요한 것은 현대세계에서 가치와 인간 사이의 관계를 결정하는 근원과 기초는 궁극적으로 후자에 존재한다는 사실이다. 왜냐하면 개인은 자신의 주관적 의미에 입각해서 가치를 선택하지, 결코 가치에 의해서 그 매개물이나 수단으로 선택되지는 않기 때문이다.[6]

이 맥락에서 베버는 '결단'(決斷)의 개념을 도입했다. 현대세계에 특유한 현상인 다신주의적 가치들의 대립, 경쟁, 모순 및 투쟁은 개인들에게 지속적으로 자신의 삶과 행위에 대한 궁극적인 입장을 요구하며, 언제나 신과 악마 사이의 선택을 강요한다. 현대인의 삶과 숙명은 "궁극적 결단의 연속"이라는 특징을 지니고 있는데, 바로 이 결단을 통해서 개인은 서로 충돌하는 가치들에 자기 자신을 내맡기지 않으면서 자신의 개별적인 행위들을 의식적으로 영위하고 삶 전체를 의식적으로 살아갈 수 있는 것이다.[7]

가치 다신주의가 지배하는 오늘날의 세계에서는 종교 이외에도 정치, 경제, 과학, 윤리, 예술 및 사랑 등의 가치가 서로 갈등하고 경쟁하며 투쟁한다. 이러한 가치 다신주의의 제단에 기술이 첨가된다. 기술의 도구적 합리성과 효율성 및 유용성 그리고 이를 통해 가능한 세계의 지배와 관리는 그 자체가 수많은 사람들에 의해 신성한 가치로 추앙된다. 기술은 다른 모든 가치와 마찬가지로 일종의 종교가 되어버린 것이다. 그리하여 종교에 대항해 신과 악마 사이의 투쟁을 전개한다. 아니 도구적 합리주의를 가로막는 모든 것에 대해 투쟁을 벌인다.

그 결과 기술은 무한질주를 하게 되었고 무한한 풍요로움을 선사해 주고 있다. 그러나 인간의 삶에 어두운 그림자를 드리우기도 한다. 기술은 야누스의 얼굴을 하고 있다.

이 같은 야누스적 성격을 적나라하게 드러내는 예로 다이너마이트의 발명가 알프레드 노벨(Alfred Nobel, 1833~1896)을 들 수 있다. 그는 다이너마이트가 도로나 터널 공사 등에 건설적으로 사용될 수 있지만 전쟁에서 살상과 파괴의 무기로 둔갑할 수 있다는 사실에 고뇌하고 갈등했다. 그 결과 제정된 것이 노벨상이다. 가장 위대한 과학적 발견이나 발명을 한 사람, 가장 위대한 문학작품을 쓴 사람 그리고 인류의

노벨의 실험실.
노벨상의 기금은 살생과 파괴를 목적으로 한 무기를 제조·판매해서 번 돈으로 조성되었다.

평화와 복지에 기여한 사람에게 수여하는 노벨상의 기금은 살상과 파괴를 목적으로 하는 무기를 제조·판매해서 벌어들인 돈으로 조성되었다.

독일의 화학자 프리츠 하버(Fritz Haber, 1868~1934)의 경우 역시 과학기술의 야누스 얼굴을 적나라하게 보여준다. 노벨상을 수상할 정도로 뛰어난 과학자인 하버는 인공 질소비료를 제조하여 농업생산에 일대 혁명을 가져왔다. 그의 과학적 재능은 인류에게 풍성한 식탁을 제공했지만 독가스를 제조해 인류에게 사악한 살상무기를 안겨주었다.

19세기 말 서구의 농업은 위기에 처하게 되었다. 인구가 급속하게 증가하면서 더 많은 곡물이 재배되어야 했고, 그러기 위해선 더 많은 비료가 필요했다. 당시 유럽에는 인산과 칼륨은 충분했지만, 질소를 생산하기 위해서는 남미에서 천연 질산염을 수입해야 했다. 그래서 대기 중에 존재하는 질소를 사용하는 방법을 찾기 시작했다. 독일의 화학자 하버가 1909년에 바스프사(社)에 인공적으로 질소와 수소를 가지고 암모니아를 합성하는 화학적 공정을 제안했고, 칼 보쉬(Carl Bosch, 1874~1940)가 1913년에 이를 산업화시켰다. 그래서 이 방식을 '하버-보쉬법'이라고 부른다. 인공적으로 합성된 암모니아를 질산으로 전환시켜 비료로 사용하면 되는 것이다. 이 업적으로 하버는 1918년에 노벨 화학상을 수상했다. 보쉬 역시 1931년에 '이례적인' 노벨 화학상을 수상했다. 그것은 과학적 업적이 아니라 기술적 업적으로 상을 받은 첫 번째 경우이다.[8] 인공 질소비료는 토지 면적당 산출량을 100배 이상 증대시켰다. 이로써 서구는 급격한 인구증가에도 불구하고 사람들에게 넉넉한 식탁을 제공할 수 있었다.

하지만, 하버는 독일군을 위해 니트로글리세린, 니트로셀룰로오스 및 티엔티와 같은 추진제와 폭약을 제조하기도 했다. 그는 한걸음 더 나아가 독일의 부름을 받고 1916년부터 육군 화학전 전담국의 책임자로 일했다. 그는 참호에 깊이 들어간 적군을(제1차 세계대전에서는 참호전이 중요한 전투방식이었다) 몰아낼 수 있는 포스겐(phosgene)이라는 독가스를 개발했다. 그해 독일군과 대치중이던 프랑스군에 살포된 독가스에 의해 수천 명이 즉사했고, 나머지 수천 명도 공포에 질려 도망가 버렸다. 이에 연합군은 신속하게 방독면을 발명했다. 독가스는 원자핵 무기가 나오기 전까지 "전쟁과 과학의 결합으로 탄생한 가장 사

악한 무기"였다.[9]

제2차 세계대전은 과학기술의 야누스적 성격이 극단적으로 드러났다. 원자폭탄의 제조 때문이었다. 핵물리학은 평화와 행복을 위해 사용될 수도 있으며 살상과 파괴를 위해 사용될 수도 있다. 핵에너지라는 야누스는 살상과 파괴의 얼굴을 먼저 보여 주었다. 원자폭탄은 1945년 7월 16일 뉴멕시코의 사막에서 처음으로 모습을 드러냈다. 맨해튼 프로젝트(the Manhattan Project)의 책임자로서 원자폭탄을 낳은 아버지인 미국의 핵물리학자 로버트 오펜하이머(Robert Oppenheimer, 1904~1967)는 그 모습을 지켜보면서 힌두교 경전의 시구를 인용했다.

"나는 죽음의 신이요, 세상의 파괴자이다."

1950년대에 핵에너지는 평화와 행복이라는 다른 얼굴을 보여주었다. 그 얼굴은 원자력 발전소였다.

설령 의도적으로 전쟁이나 살상과 파괴에 이용되지 않더라도 과학기술은 언제나 밝은 면과 어두운 그림자를 지니는 야누스의 얼굴을 하고 있다. 시간이 지남에 따라 두 얼굴의 대조는 점점 더 커진다. 인간은 기술발전 덕분에 더욱 풍요롭고 안락하며 행복하게 살아갈 수 있다. 하지만, 기술이 발전하면 할수록 환경의 오염과 파괴는 더 심각해지고 인류를 파괴하고 파멸시킬 가능성은 더 커진다. 바이오기술의 발전은 유전병 치료나 장기(臟器)의 대량생산 등 의료기술에 획기적인 기여를

오펜하이머의 원자폭탄.
"나는 죽음의 신이요, 세상의 파괴자이다."

하지만, 치명적인 병원체를 생산해서 인류의 생존을 위협하거나 유전자 복제를 통해 기존의 자연질서를 뿌리째 흔들어 놓을 수도 있다. 오펜하이머의 말대로 이제 과학기술은 죽음의 신이 될 수 있고 세상의 파괴자가 될 수 있다.

독일의 사회학자 울리히 벡(Ulrich Beck, 1944~)은 1986년에 출간된 『위험사회. 새로운 근대(성)를 향하여(Risikogesellschaft. Auf dem Weg in eine andere Moderne)』에서 '위험사회'라는 개념과 이론을 제시했다. 벡은 주장하기를, 현대 산업사회는 갖가지 위험으로 가득 차 있다. 이 위험은 그저 우연적이고 비정상적인 것이라고 치부할 수 있는 것이 아니라, 현대 산업사회의 논리와 구조에 내재되어 있는 필연적이고 지극히 정상적인 것이다. 현대 산업사회는 부(富)를 생산하는 동시에 위험을 생산한다. 바로 여기에 문제의 심각성이 있다는 것이다.

물론 전근대 사회에도 위험은 존재했다. 신대륙을 발견하기 위해 대항해를 했던 콜럼부스 같은 사람들 역시 위험을 감수해야 했다. 석기시대 사람들은 언제나 맹수에게 잡혀먹을 위험에 처해 있었다. 인간이 존재하는 한 위험은 항상 존재한다. 그러나 이것은 어디까지나 개인적인 차원의 위험이다. 이에 반해 핵분열이나 방사능 폐기물의 축적, 지구온난화와 같은 위험은 전 인류를 대상으로 하는 전 지구적 위험이다. 거기에는 지구상에 존재하는 모든 생명이 파멸되는 위험이 내재되어 있다.[10] 그렇기 때문에 현대 산업사회를 위험사회라고 규정하는 것이다.

벡은 위험사회의 특징을 다음과 같이 다섯 가지로 정리하고 있다.[11]

첫째, 현대의 위험은 인간의 인식능력을 완전히 벗어난다. 방사능이 대표적이다. 하지만, 대기와 물과 음식물에 포함되어 있는 유독물이나 오염인자들도 일반적으로 눈에 띠지 않는다.

둘째, 위험사회는 국경을 초월하는 세계적 위험사회이지만, 어떤 사람들과 국가들은 다른 사람들과 국가들보다 위험의 분배 및 성장에 의해 더 큰 영향을 받는다. 위험의 사회적 지위가 나타나는 것이다. 위험은 계급 및 국가를 분열시킨다. 또한 위험은 먼저 제3세계와 산업국들 사이에서, 그리고 산업국들 사이에서 새로운 국제적 불평들을 야기한다.

셋째, 위험의 확산과 상업화는 자본주의의 발전논리와 완전히 단절하는 것이 아니라, 자본주의의 발전을 새로운 단계로 끌어올린다.

위험은 자꾸 늘어나게 되고, 이를 관리하고 제어하며 통제하는 일은 거대한 사업거리이다. 아니 '위험사업'의 수요는 무한하다. 따라서 위험을 생산하는 자본주의는 그 위험에 의해 더욱 더 발전하게 된다.

넷째, 사람들은 부를 소유할 수 있지만, 위험에 의해서는 단지 영향을 받을 수 있을 뿐이다.

다섯째, 사회적으로 공인된 위험은 특이한 정치적 폭발력을 지닌다. 이제까지 비정치적인 것으로 간주되던 것들이 정치적인 것으로 변한다. 예컨대 삼림파괴에 관한 논의가 그렇다.

현대 산업사회를 위험사회로 만든 근원은 다름 아닌 산업혁명 이래로 발달한 과학기술이다. 과학기술은 부를 생산하지만 동시에 위험도 생산한다. 과학기술은 인간의 물질적 결핍을 해결해 주었지만 동시에 위험을 안겨주었다. 과학과 기술의 발전 그리고 그 토대 위에서 발전한 산업은 한군데로 묶인 위험과 위해들의 다발이다.[12] 기술적 선택의 능력이 커질수록 그 결과는 그 만큼 더 계산할 수 없고 예측할 수 없게 되기 때문이다. 벡은 이렇게 말했다. "고도로 발전된 핵과 화학적 생산력이 낳는 위난은 장소와 시간, 노동과 여가, 공장과 국민국가, 심지어 대륙 간의 경계에 대해 우리가 생각하고 행동해 왔던 기초와 범주들을 폐기한다. 달리 말해서 위험사회에서는 알지 못하고 의도하지 않았던 결과들이 역사와 사회에서 지배력을 행사하게 된다."[13]

1986년 4월 26일에 발생한 체르노빌의 원자로 폭발사건은 위험사회의 실상을 적나라하게 드러낸 사건이었다. 이는 국경을 초월한 전

원자로 폭발사고로 인해 버려진 도시 체르노빌.

지구적 재앙이었다. 유출된 방사능은 바람을 타고 서부 유럽으로까지 날아갔다. 이것은 시간적 제약을 받지 않고, 후세에까지 영향을 미치는 재앙이었다.[14] 체르노빌 사건으로 900만 명이 직간접으로 피해를 당했으며, 그 가운데 최소한 80만 명이 피폭 우려자로 분류되었다. 이 사고로 그해 7월 말까지 29명이 사망했고, 사고 후 6년간 발전소 해체 작업에 동원된 노동자 5,722명과 인근지역 주민 2,510명이 사망했다. 아직까지도 43만 명이 암, 백혈병 등 후유증에 시달리고 있다. 1945년 일본 히로시마에 투하된 원자폭탄의 350배의 방사능이 유출된 사건의 '중간결산' 이 이렇다. 국제 환경단체인 그린피스(Green Peace)는 체르노빌 원전사고를 20세기 역사에서 '전쟁을 제외한 가장 큰 재앙' 으로 정했다.

원자폭탄을 낳은 아버지인 로버트 오펜하이머의 얼굴이 겹쳐진다.

오펜하이머는 1945년 7월 16일 뉴멕시코의 사막에서 작열하는 원자폭탄을 보면서 죽음의 신이며 세상의 파괴자인 현대 과학기술의 얼굴을 목도했다. 죽음을 불러오고 세상을 파괴하는 현대 과학기술은 40년이 지나 체르노빌 원자력 발전소 폭발사고를 통해 다시 만천하에 그 얼굴을 내밀었다.

유전공학은 그 어떠한 기술혁명보다도 인간 사회에 어두운 그림자를 짙게 드리우고 있다. 누군가 이렇게 걱정하고 있다.

"생물체의 유전적 암호를 재작성함으로써 수백만 년에 걸친 진화적 발전이 중단되는 치명적인 위험은 없는가. 인공 생물체의 창조는 자연계의 종말을 초래하는 결과가 되지 않을까. 복제생물, 키메라, 유전자 이식 생물들이 우글거리는 세계에서 인류는 외계 생물이 되고 마는 것이 아닌지. 유전공학적으로 처리된 수천 종의 생물체가 만들어지고 대량 생산과 거래가 이루어져서 방출되면 돌이킬 수 없는 생태계의 훼손을 초래하여 핵 오염이나 석유 화학 오염보다 훨씬 위험한 유전자 오염을 야기하는 것은 아닌지. 세계라는 유전자 공급원이 소수의 다국적 기업의 지적재산으로 될 때 세계 경제와 사회에 어떤 결과가 야기될 것인지. 생명을 특허의 대상으로 삼는 것은 생명의 신성함과 본질적 가치에 대해 우리가 갖고 있는 깊은 신념에 어떻게 영향을 줄 것인가. 모든 생명을 '발명품'이나 '상업적 재산'으로 취급하는 세상에서 자랄 때 정서와 지능에 어떤 영행을 받을 것인가. 아기들은 주문하는 대로 유전적으로 디자인하여 만들어지고, 사람들은 유전자형을 기준으로 신원이 확인되고 분류되며 차별을 받는 세계에서 인간의 의미는 무엇이 될 것인가. 더욱 더 '완전한' 인간을 만들기 위해 시도하는 과정에서 어떤 위험이 뒤따를 것인가."[15]

어쩌면 우리 인간은 파우스트인지도 모른다. 악마 메피스토펠레스에게 영혼을 팔고 생명공학이라는 거대한 재앙의 씨앗을 손에 넣은 파우스트인지도 모른다.[16] 아무튼 생명공학 기술과 더불어 위험사회의 범위는 더욱 더 확장되고 그 심도는 더욱 더 깊어지고 있으며, 그 예측불가능성은 더욱 더 커지고 있다.

위험사회의 근원은 과학기술에 있지만, 문제의 유일한 해결책도 거기에 있다. 과학기술은 야누스의 얼굴을 하고 있다. 이제 우리 인간은 과학기술로부터 도중하차할 수는 없다. 과학기술의 밝은 면만이 아니라 어두운 면도 함께 인식함으로써, 과학기술이 지닌 위험요소를 제어하고 통제하며 제거하는 것만이 유일한 대안이다.

위험사회의 문제는 어떻게 해결하야 하는가?

과학기술이 위험사회를 창출하게 된 근본적인 원인은 소수의 전문가 집단과 기업이 과학기술을 독점적으로 소유하고 생산하며 사용하는 데서 찾을 수 있다고 벡은 보았다. 그들에게는 오로지 과학적·기술적 합리성, 도구적 합리성만이 중요하다. 바로 이러한 과학기술의 독점이 타파되어야 한다. 이는 다양한 분야의 인문사회과학, 개인과 집단 그리고 시민단체들이 적극적이고 비판적으로 참여하고 협조해서 과학기술에 대한 사회적 합의를 도출함으로써 가능해진다. 사회적 합리성이 필요한 것이다. 과학적 합리성에 더하여 사회적 합리성이 요구되는 것이다. 이 둘의 관계를 벡은 칸트의 유명한 명제인 "감성 없는 오성은 공허하고 오성 없는 감성은 맹목적이다"를 빌어 다음과 같이 표현했다.

"사회적 합리성 없는 과학적 합리성은 공허하고, 과학적 합리성 없는 사회적 합리성은 맹목적이다."[17]

결국 기술이 인간에게 얼마나 유익한가의 문제는 기술 자체의 문제가 아니다. 그것은 어디까지나 인간과 사회의 문제이다. 기술 없는 인간과 사회는 맹목적이다. 동시에 인간과 사회 없는 기술은 공허하다.

이는 기술의 가치중립성 때문에 그렇다. 기술이 무엇이냐 하는 문제는 옳으냐 그르냐, 긍정적이냐 부정적이냐, 선하냐 악하냐 또는 바람직하냐 바람직하지 않냐 하는 문제와 아무런 상관이 없다. 기술을 정의하고 기술에 접근하는 기준은 가치판단과 무관할 뿐만 아니라 가치로부터 자유롭다. 기술은 어디까지나 가치중립적이다. 기술은 우리가 추구하는 목적을 달성하기 위한 수단과 도구일 따름이다. 여기서 문제가 되는 것은 어디까지나 도구로서의 유용성과 효율성이다. 이를 가리켜 도구적 합리성(instrumental rationality)이라고 한다. 그 목적이 옳든 그르든, 긍정적이든 부정적이든, 선하든 악하든, 또는 바람직하든 바람직하지 않든 전혀 관계없이 말이다.[18] 그래서 우리는 고문의 기술을 인정하고 형벌의 기술을 인정하며 대량학살의 기술을 인정해야 한다. 마치 사랑하는 기술을 인정하고 사람을 치료하는 기술을 인정하며 죽음으로부터 인간을 구제하는 기술을 인정하듯이 말이다.

어떤 사람들은 인간에게 긍정적이고 유익한 기술만을 기술로 인정하려고 한다. 이들은 기술에 대한 가치판단을 하고 있는 것이다. 가치자유와 가치중립의 원칙에 어긋나는 것이다. 고문이나 형벌 또는 대량학살은 기술이 아니라 범죄로 보아야 한다는 주장도 있을 수 있다. 윤리적 또는 법률적 견지에서 보면 분명 범죄가 된다. 하지만, 거기에도 인간의 창조적 능력과 사물에 대한 지식이 존재하고, 목적을 추구하기 위한 방법과 절차 및 도구가 엄연히 존재한다. 기술이 존재하는 것이다.

기술은 "그 누구에게도 결코 무엇을 해야만 하는지(sollen; should)는 가르칠 수 없으며, 단지 그가 무엇을 할 수 있는지(können; can)를, 그리고 경우에 따라서는 그가 무엇을 원하는지(wollen; want)를 가르쳐 줄 수 있을 뿐이다."[19]

핵기술은 그것을 에너지원으로 사용해야 하는지, 대량 살상과 파괴의 무기로 사용해야 하는지 가르쳐 줄 수 없다. 단지 핵발전에 이용하면 저렴한 비용으로 막대한 에너지를 얻을 수 있고 핵폭탄을 제조하면 순식간에 엄청난 살상과 파괴를 불러올 수 있다고 가르쳐 줄 수 있을 뿐이다. 대기오염과 환경파괴의 주범인 화석연료를 대체하고자 할 때 핵에너지를 이용할 수 있다거나 무장평화를 추구할 때 재래식 무기 대신에 핵무기를 사용할 수 있다고 가르쳐 줄 수 있을 뿐이다.

하지만, 핵기술을 가지고 무엇을 해야만 하는지, 아예 핵기술을 폐기해야 하는지와 같은 문제들은 기술을 사용하는 개인, 집단 또는 사회가 결정할 문제이다. 어느 것이 옳고 긍정적이고 선하고 바람직한가는 기술 자체가 아니라 기술을 사용하는 주체가 판단하는 문제이다. 주체에 의해 가치가 개입되고 가치가 연관된 판단, 곧 가치판단이 이루어지는 것이다. 물론 '적은 비용으로 막대한 에너지를 얻을 수 있다'나 '적은 비용으로 막대한 살상력과 파괴력을 얻을 수 있다' 같은 도구적 유용성과 효율성이 판단에 커다란 영향을 미치게 된다. 하지만, 기술에 대한 가치판단은 단순히 그런 문제만은 아니다. 거기에는 사회적 가치, 의미, 규범, 지향성, 해석 등이 종합적으로 영향을 미친다.[20] 그것은 도구적 합리성과는 근본적으로 다른 합리성이다. 그것은 사회적 합리성(social rationality)이다. 경제성보다는 환경을 더 중시하는 나라는 핵발전소를 폐기하고 풍력과 태양력 같은 녹색 에너지를 개발하려고 할 것이다. 이와는 대조적으로 경제성장을 중시하는 나라는 핵기술을 이용해 에너지를 얻으려고 할 것이다. 사회적 합리성은 다양한 분야의 지식인들, 개인과 집단 그리고 시민단체들이 논의와 검토 그리고 비판을 거쳐 기술에 대한 사회적 합의를 이끌어 냄으로써 달성될 수 있다.

그렇다면 종교가 되어버린 기술이 무한질주하는 가치 다신주의 시대, 위험사회가 도래한 시대에 종교는 기술에 대해 무엇을 할 수 있단 말인가? 기술이라는 신에게 종교는 단지 악마로만 남을 것인가? 아니면 이전처럼 종교가 기술을 비롯한 인간 삶과 행위의 모든 영역을 직접 지배하면서 그에 대한 의미를 부여하는 최상의 가치로 기능해야 하는가? 이 두 방향은 모두 적절치 못하다. 전자의 경우 종교는 무조건적으로 기술에 대해 반대하거나 배척하게 될 것이다. 후자의 경우에도 종교는 무조건적으로 기술에 대해 방향을 제시하려 할 것이고 기술을 통제하게 될 것이다. 두 가지 모두 기술의 건전한 발전과 역할을 저해한다. 이에 대한 해답은 아마도 이미 벡이 제시한 과학적·기술적 합리성과 사회적 합리성의 관계에 주어져 있지 않은가 싶다. 종교는 과학적·기술적 합리성에 대해 사회적 합리성을 구성하는 요소가 되어야 한다. 다시 말해, 종교는 기술에 대한 사회적 합의나 비판을 이끌어내는 다양한 사회적 주체와 단위 가운데 하나로 기능해야 한다.

종교는 기술의 도구주의가 사회를 전면적으로 지배하면서 위험사회를 초래하고 급기야 죽음의 신이 되고 세상의 파괴자가 되는 것을 막을 수 있어야 한다. 종교는 기술로 하여금 생명의 신이 되고 세상의 건설자가 되도록 견제하고 비판해야 한다. 바로 이것이 기술이 지배하는 가치 다신주의 시대에 종교에게 주어진 유일한 대안이자 책무이다.

○●미주

1장

1) 장 이브 고피, 황수영 옮김, 『기술철학-테크노월드 속의 도구적 인간』, 한길사, 2003년, 31~32쪽.
2) Dieter Hassenpflug, Die Natur der Industrie. Philosophie und Geschichte des industriellen Lebens, Frankfurt am Main/New York: Campus 1990, p205.
3) 마르틴 하이데거, 이기상 옮김, 『기술과 전향』, 서광사, 1993년, 35쪽; Cornelius Castoriadis, Durchs Labyrinth. Seele, Vernunft, Gesellschaft, Frankfurt am Main: Europäische Verlagsanstalt 1981, pp196~199; Dieter Hassenpflug, 같은 책, p209; 돈 아이디, 김성동 옮김, 『기술철학: 돈 아이디의 기술과 실천』, 철학과현실사, 1998년, 202쪽. 고대 그리스어에는 성교의 방식이나 기법을 의미하는, 다시 말해 에로틱 기술을 의미하는 'erotiketechne'와 같은 단어도 있었다고 한다. 조셉 애거시, 이군현 옮김, 『현대문명의 위기와 기술철학』, 민음사, 1990년, 55쪽.
4) 마르틴 하이데거, 같은 책, 35쪽; 돈 아이디, 같은 책, 202쪽. 하이데거에 의하면, "존재하지 않는 어떤 것을 존재하도록 만드는 모든 동인이 '포이에시스, 곧 밖으로 끌어내어 앞에 내어놓음이다." 마르틴 하이데거, 같은 책, 31쪽.
5) 마르틴 하이데거, 같은 책, 35쪽; Dieter Hassenpflug, 같은 책, p209.
6) Dieter Hassenpflug, 같은 책, pp209~210.
7) Dieter Hassenpflug, 같은 책, p208에서 재인용.
8) 마르틴 하이데거, 같은 책, 37쪽.
9) 인간만이 도구를 제작하고 사용하는 유일한 존재가 아니다. 예컨대 작은 나뭇

가지를 꺾어서 구멍 속에 숨어 있는 벌레를 꺼내어 잡아먹는 새도 있다. 침팬지의 경우는 그 보다 한 걸음 더 나아가 나뭇가지를 꺾어 붙어 있는 이파리를 훑어버린 후 구멍 속에 있는 흰개미 집에 넣어 거기에 달라붙은 흰개미들을 잡아먹는다. 또한 단단한 과일을 바위에 올려놓고 돌멩이로 깨뜨려서 속을 꺼내 먹는 침팬지가 있는가 하면, 나무상자와 같은 것을 여러 개 쌓아놓고 높은 곳에 있는 물건을 꺼내는 침팬지도 있다. 이 밖에도 많은 사례를 들 수 있다. 2004년 미국의 과학저널 『사이언스』에 까마귀과 조류의 지능에 관한 연구논문이 발표되었다. 이 논문에 의하면, 뉴칼레도니아의 까마귀는 단순히 도구를 사용하는 데 그치지 않고, 스스로 도구를 만들어 사용한다. 영국 옥스퍼드 대학 연구팀은 투명한 실린더 속에 고깃점을 담은 작은 바구니를 넣어두었다. 까마귀는 부리로 바구니를 꺼낼 수 없다. 연구자들은 주변에 곧은 철사와 굽은 철사를 놓아두었다. 까마귀는 몇 번의 시행착오를 거친 후 굽은 철사로 바구니를 꺼내는 데 성공했다. 이어 연구자들은 굽은 철사를 치워버리고 까마귀의 행동을 관찰했다. 처음에는 곧은 철사로 바구니를 꺼내려고 시도했지만 실패했다. 잠시 후 까마귀는 철사 한쪽 끝을 발로 고정시키고 반대쪽을 부리로 물고 비틀어 구부렸다. 이렇게 만든 갈고리로 바구니를 끌어올려 고깃점을 맛있게 먹었다. 연구 책임자에 의하면, 이처럼 사전 경험이나 학습이 없이 의도적으로 물체를 변형시켜 도구를 만드는 행동은 지금까지 거의 알려지지 않았다고 한다. 『과학동아』, 2005년 2월, 80~83쪽. 하지만, 동물은 인간과 같이 복잡하고 정교한 도구를 제작하거나 사용할 수 없다. 바로 이것이 인간과 동물의 차이점이다. 호모 파베르 이외에도 인간을 정의하는 개념으로는 다음과 같은 것들을 들 수 있다. '호모 사피엔스(Homo sapiens, 생각하는 인간)', '호모 에렉투스(Homo erectus, 직립 보행하는 인간)', '호모 로퀜스(Homo loquens, 언어적 인간)', '호모 그라마티쿠스(Homo grammaticus, 문법적 인간)', '호모 루덴스(Homo ludens, 놀이하는 인간)', '호모 폴리티쿠스(Homo politicus, 정치적 인간)', '호모 외코노미쿠스'(Homo oeconomicus, 경제적 인간)', '호모 아카데미쿠스(Homo academicus, 과학적 인간)', '호모 에티쿠스(Homo ethicus, 윤리적

인간)', '호모 하빌리스(Homo habilis, 손을 사용하는 인간)'.
10) Dieter Hassenpflug, 같은 책, pp211~212.
11) 장 이브 고피, 같은 책, 36~37쪽.
12) 장 이브 고피, 같은 책, 36~37쪽. 이렇듯 모든 인간의 활동 속에 기술이 있는 관계로, 활동이 존재하는 만큼 기술이 존재한다. 그래서 심지어 무한한 수의 기술이 존재할 수 있다. 독일의 경제학자 프리드리히 폰 고틀-오트릴리엔펠트(Friedrich von Gottl-Ottlilienfeld 1868~1958)는 베버의 정의에서 착안해 기술을 다음과 같이 행위의 목적에 따라 네 가지로 분류한다. "1. '개인의 심적 또는 육체적 현실을 대상으로 하는' 개인적 기술들: 운동, 이완과 집중의 기술들이 여기에 속한다. 2. 사회적 기술들, 즉 '개인들 간의 관계를 변형시키려는 목적을 가진 실행기술' : 경찰의 기술, 교육적 기술, 정치권력을 잡는 기술 등이 그런 것들이다. 변형이 문제가 되기는 하지만 보존하는 것을 목적으로 하는 기술들도 있다. 3. 지적인 기술들, 즉 '지적 영역에 속해 있는 것을 드러내주는 방법론적인 실행기술' : 머리로 하는 계산, 논문계획을 짜는 기술 등이 그러한 것들이다. 4. 현실의 기술들, '유기적 자연이든 무기적 자연이든 직접적 외부세계의 변형을 목적으로 하는 기술' : 전기를 생산하는 기술, 운하의 수문을 건설하는 기술, 밀을 재배하는 기술 등을 말한다." 장 이브 고피, 같은 책, 38~39쪽. 또한 자크 엘루는 현대의 기술에는 기계적 기술과 지능적 기술(카드색인표, 도서관 등) 이외에도 다음과 같이 세 가지 주요한 분야가 더 있다고 주장한다. 첫째는 경제기술인데, 이것은 주로 생산에 관계되며, 노동을 조직하는 것에서 경제를 계획하는 것까지 포괄한다. 둘째는 조직기술인데, 이것은 다수의 대중과 관련이 있으며, 상업과 산업뿐만이 아니라 국가와 행정부, 경찰력에도 적용된다. 조직기술은 전쟁에도 해당하며, 법적인 분야의 모든 것들 역시 조직기술에 의존한다. 셋째는 인간기술인데, 여기서 인간은 기술의 주체가 아니라 대상이 된다. 인간기술은 의학과 유전학에서부터 교육기술, 노동기술, 직업지도, 프로파겐다, 오락기술 및 스포츠의 영역에까지 이른다. 자크 엘루, 박광덕 옮김, 『기술의 역사』, 한울, 1996년, 38~39쪽. 인간기술에 대

해서는 자크 엘루, 같은 책, 335~447쪽을 볼 것.
13) 에리히 프롬, 황문수 옮김, 『사랑의 기술』, 문예출판사, 2000년, 17~18쪽.
14) 이에 대한 자세한 논의는 이 책의 제12장을 참조할 것.
15) Cornelius Castoriadis, 같은 책, p203.
16) Cornelius Castoriadis, 같은 책, p195.
17) 장 이브 고피, 같은 책, 34쪽.
18) 장 이브 고피, 같은 책, 34쪽.
19) 장 이브 고피, 같은 책, 31쪽.
20) Cornelius Castoriadis, 같은 책, p204.
21) 돈 아이디, 같은 책, 202쪽.
22) 마르틴 하이데거, 같은 책, 15쪽.
23) 마르틴 하이데거, 같은 책, 40~41쪽.
24) 마르틴 하이데거, 같은 책, 41쪽.
25) 마르틴 하이데거, 같은 책, 44~45쪽.
26) 돈 아이디, 같은 책, 203쪽.
27) Dieter Hassenpflug, 같은 책, p212.
28) Dieter Hassenpflug, 같은 책, p212.

2장

1) 아래의 논의는 장 이브 고피, 황수영 옮김, 『기술철학: 테크노월드 속의 도구적 인간』, 한길사, 2003년, 27~30쪽을 참조해 내용을 좀 더 자세하게 채운 것임. 필자가 공부하던 시절 인류학 서적을 읽을 때는 원시사회를 기술이라는 관점에서 접근하는 식견이 없었다. 장 이브 고피는 필자의 시야를 넓혀주었다.
2) 클로드 레비-스트로스, 박옥줄 옮김, 『슬픈 열대』, 한길사, 1998년, 576~577쪽.
3) 클로드 레비-스트로스, 같은 책, 507~508쪽.
4) 클로드 레비-스트로스, 같은 책, 525쪽.

5) 클로드 레비-스트로스, 같은 책, 503~504쪽.
6) 클로드 레비-스트로스, 같은 책, 531쪽.
7) 장 이브 고피, 같은 책, 29~30쪽.
8) 제임스 조지 프레이저, 이용대 옮김, 『황금가지』, 한겨레신문사 2003년, 104~105쪽.
9) 제임스 조지 프레이저, 같은 책, 107쪽. "마찬가지로 오늘날 인도에서는 브라마(Brahma), 비슈누(Vishnu), 시바(Siva) 등 힌두교의 위대한 삼위일체 신이 마법사들에게 복종한다. 마법사는 주문을 수단으로 삼아 가장 전능하다는 이 신들에게 지배권을 행사하기 때문에, 신들은 지상에서든 천상에서든 그 주인인 마법사들이 내리는 모든 명령을 공손히 집행하게 되어 있다. 인도에서는 어디를 가나 이런 속담이 나돈다. '전 우주는 신들에게 복종하고, 신들은 주문(mantras)에 복종하며, 주문은 브라만 계급에 복종한다. 고로 브라만 계급이 우리 신이다.'" 제임스 조지 프레이저, 같은 책, 107~108쪽.
10) 제임스 조지 프레이저, 같은 책, 84쪽, 105쪽.
11) 자크 엘루, 박광덕 옮김, 『기술의 역사』, 한울, 1996년, 41~42쪽.
12) 제임스 조지 프레이저, 같은 책, 87~88쪽.
13) 장 이브 고피, 같은 책, 19~20쪽.

3장

1) 장 이브 고피, 황수영 옮김, 『기술철학-테크노월드 속의 도구적 인간』, 한길사, 2003년, 20~21쪽.
2) 플라톤, 최현 옮김, 『국가론』, 집문당, 2004년, 62쪽.
3) Platon. Werke V. Phaidros · Parmenides · Briefe, Darmstadt: Wissenschaftliche Buchgesellschaft, 1983, pp80~83(248c~248e). 장 이브 고피, 같은 책, 49쪽. 로베르 플라실리에르, 심현정 옮김, 『고대 그리스의 일상생활』, 우물이 있는 집, 2003년, 102~103쪽.

4) 장 이브 고피, 같은 책, 49쪽.
5) 아리스토텔레스, 이병길·최옥수 옮김, 『정치학』, 박영사, 1961년, 93~95쪽.
6) 로베르 플라실리에르, 같은 책, 102쪽.
7) 버트런드 러셀, 김진욱 옮김, 『서양철학사상사』, 대광서림, 1986년, 105~106쪽.
8) 플라톤, 같은 책, 307쪽.
9) 플라톤, 같은 책, 308쪽. 다음의 연구도 같이 볼 것. G. E. R. 로이드, 이광래 옮김, 『그리스 과학사상사—탈레스에서 아리스토텔레스까지』, 지성의 샘, 1996년, 97~115쪽.
10) 프리드리히 클렘, 이필렬 옮김 『기술의 역사』, 미래사 1992년, 17~18쪽.
11) 구약의 창세기를 보면 야훼는 정착해서 농사를 짓는 카인의 제물은 받아들이지 않고 여전히 방랑하며 유목생활을 하는 아벨의 제물을 받아들인다. '호모 파베르'(공작인)보다 '호모 노마드'(유목인)를 선호하고 있는 것이다. 그렇지만 야훼는 그 어떠한 힘으로도 카인이 아벨을 죽이는 것을 막을 수는 없었다. 달리 말하자면, 아무리 기술을 부정하고 혐오할지라도, 기술이 발전하고 승리를 거두게 되는 것을 막을 수는 없는 것이다. 또한 야훼가 호모 파베르에게 내린 저주 – "땅이 그 입을 벌려 네 손으로부터 네 아우의 피를 받았은즉 네가 땅에서 저주를 받으리니, 네가 밭을 갈아도 땅이 다시는 그 효력을 네게 주지 아니할 것이요, 너는 땅에서 피하며 유리하는 자가 되리라." – 역시 실현되지 않았다. 아니 카인은 그 후 산업주의를 창조하여 아벨의 목초지까지 빼앗기 위해 돌아왔다. 이에 대한 논의는 다음을 볼 것. 아놀드 조셉 토인비, 지경자 옮김, 『역사의 연구』, 홍신문화사, 1992년, 196~197쪽.

4장

1) 서구의 역사를 크게 고대, 중세 그리고 근(현)대의 세 가지 시대로 구분하는 것이 일반적이다. 동양의 역사서술도 이러한 틀을 원용하고 있다. 여기에서 고대는 흔히 그리스와 로마를, 그리고 근(현)대는 지리상의 발견, 르네상스와 종교

개혁 등 일련의 역사적 사건과 과정을 거치면서 형성·발전한 시기를 가리킨다. 그렇다면 중세는 자연히 그 중간에 해당하는 시기가 될 것이다. 중세라 함은 일반적으로 서로마 제국이 멸망한 5세기(기원 후 476년)부터 근대가 시작되는 15세기까지 대략 1000년간의 시기를 일컫는 말이다.

우리는 여기에서 매우 중요한 사실 한 가지를 발견한다. 중세란 바로 근대의 입장에서 만들어낸 시대 구분이자 개념이라는 사실이 바로 그것이다. 중세인들은 자신들의 시대를 중세라고 보지 않았다. 아니 모든 시대를 사는 사람들에게 그들의 삶은 언제나 현재에 속한다. 고대 그리스와 로마의 사람들도 자신들의 시대를 고전시대라고 부르지 않았다.

그보다는 근대인들이 - 그들이 보기에 - 이성을 바탕으로 하는 합리적인 문화와 과학이 지배하는 자신들의 시대와, 인간적인 문화를 꽃피운 고대 그리스와 로마의 고전시대의 중간에 해당하는 대략 1000년간의 시기를 중세(中世 Middle Ages)라고 명명한 것이다. 좀 더 정확하게 말하자면, 르네상스 인본주의자들이 그렇게 한 것이다. 그들은 심지어 중세 후기에 등장한 찬란한 건축양식을 평가절하하고 경멸하면서 야만적인 게르만족의 일파인 고트(Goth)족의 이름을 따서 '고딕(Gothic)'이라고 불렀다.

근대인이 보기에 중세는 암흑시대였던 것이다. 결국 중세는 바람직하지 않은 역사라는, 근대인들의 가치가 개입된, 이른바 가치판단적인 개념인 것이다. 마치 고대 또는 고전시대는 - 그 역으로 - 바람직한 역사라는, 근대인들의 가치가 개입된, 가치판단적인 개념이듯이 말이다. 이처럼 역사란 언제나 현재의 인식 가치와 관점 그리고 방법에 의해서 과거의 사건과 현상을 재구성하는 것이다.

2) 장 이브 고피, 황수영 옮김, 『기술철학-테크노월드 속의 도구적 인간』, 한길사, 2003년, 62쪽.
3) 장 이브 고피, 같은 책, 63쪽.
4) 장 이브 고피, 같은 책, 66쪽.
5) 『창세기』 (1:27).
6) 『창세기』 (2:7).

7) 『창세기』(3:19).
8) 『창세기』(3:23).
9) Marie-Lousie ten Hoorn-van Nipsen, Jahre Technikgeschichte. Von der Steinzeit bis zum Informationszeitalter, Darmstadt: Primus 1999, p63.
10) Marie-Lousie ten Hoorn-van Nipsen, 같은 책, p63.
11) 서구 중세의 지배집단은 크게 세속적 지배집단인 영주와 종교적 지배집단인 성직자로 구분할 수 있다. 전자는 전사(戰士)집단, 좀 더 정확하게 말하자면 '말을 탄 전사' 라는 의미의 기사(騎士)집단이었다. 후자는 교회와 수도원에서 중세인들의 정신세계를 지배하였다. 이처럼 이원화된 지배계급은 때로는 서로 협조하기도 하고 때로는 서로 경쟁하기도 하면서 서구의 중세를 이끌었다. 또한 이 두 지배집단은 중세의 기술발전과도 밀접한 관계에 있다.
농업을 중심으로 하는 자급자족적 장원경제에서는 당연히 토지가 가장 중요한 생산수단이었다. 토지는 중세사회의 재산과 부의 총체적 개념을 의미했다. 토지를 획득하고 보호하며 관리하는 가장 중요한 수단은 각개 봉건영주들의 폭력적인 전투능력에 있었다. 중세에는 늘 크고 작은 전투가 일어났다. 국가 사이에 또는 영주들 사이에 벌어지는 대규모의 전쟁은 물론이요, 하다못해 서로 다른 영주에 속하는 농민들 사이에 밭이랑을 두고 사소한 시비가 벌어져도 영주들 사이의 전투로 해결을 보곤 했다. 또한 영주의 지배에 복종하지 않는 농민들 역시 무력적인 방법으로 통제했다. 따라서 무기와 갑옷 및 말은 중세적 경제체제에서 매우 중요한 생산수단의 위치를 차지했다. 칼과 창으로 상징되는 육체적·전투적 힘과 능력은 서구 중세 봉건영주들의 정치적 권력, 사회적 지위와 심리적 자의식의 토대가 되었다. 김덕영, 『주체·의미·문화—문화의 철학과 사회학』, 나남, 2001년, 123쪽; 노르베르트 엘리아스, 박미애 옮김, 『문명화과정』, 한길사, 1996년).
그들은 어려서부터 전쟁기술을 익히는 일에 전념했다. 그들의 주된 기능이자 오락이며 스포츠는 싸우는 것이었다. 브라이언 타이어니·시드니 페인터, 이

연규 옮김, 『서양 중세사-유럽의 형성과 발전』, 집문당, 1986년, 167쪽. 따라서 그들은 철학이나 과학 등에 대한 지식을 배울 필요성을 느끼지 않았다. 아니 아예 읽고 쓰지도 못하는 문맹자들이었다. 읽고 써야 할 일은 지식인들의 힘을 빌려 해결했다.

이 점에서 동양과 서양은 극명한 대조를 이룬다. 동양은 전통적으로 중앙집권화된 관료제 국가인바, 이러한 정치질서의 담지자는 과거시험을 통해 선발된 문민 관료집단이었다. 정치가는 곧 고도의 지식인이었던 것이다. 대정치가는 당대를 풍미하는 대학자이기도 했다. 지방 행정조직 역시 중앙에서 파견된 문민 관료들의 수중에 있었다. 전쟁무기는 원칙적으로 중앙집권화된 국가에 귀속됐다. 국가는 가급적 폭력을 줄이고 피하려고 노력했다. 오히려 어질고 인륜적인 것에서 올바른 지배수단과 지배기술을 찾았다. 이에 따라 무기와 폭력은 그 의미를 잃어버릴 수밖에 없었다. 무인집단은 문인집단에 비해 정치적·사회적으로 낮은 지위와 위치를 차지하게 되었으며, 문화적으로는 부정적 가치와 평가를 받게 되었다. 중국에서는 전통적으로 문인들은 무인들과 같은 수준에서 교제하지 않았다. 무인도 문인적 교육을 받고 교양을 갖추어야 했다. 이상적인 무인이란 문과 무를 겸비한 무인이었다. 두 집단은 말하자면 영원한 우주론적·사회적 서열관계 속에 있었다. 김덕영, 같은 책, 126쪽.

동양인들은 삼국지의 영웅 관우를 가장 이상적인 무인상으로 간주한다. 아니 아예 군신(軍神)으로 추앙한다. 그의 카리스마 넘치는 외모와 풍채, 뛰어난 무용 그리고 인간적인 의리 등을 연상하면 어렵지 않게 짐작할 수 있다. 하지만 그가 갖춘 문인적 소양, 즉 그의 문무겸비를 빼놓을 수 없다. 문은 무인의 단순한 특성이 아니라, 그 기초가 되는 것이다.

12) 이는 무엇보다도 수도승들에게 궁극적으로 중요한 것은 육체적 노동이 아니라 "정신적인 방식으로 그리고 성직의 수행을 통해" 신에게 봉사하는 것이기 때문이다. Hans-Werner Goetz, Leben im Mittelalter. Vom 7. bis 13. Jahrhundert, München: C. H. Beck 1986, p106. 베네딕트(베네딕트 교단의 창시자)가 작성한 수도승들이 지켜야 할 의무의 목록에는 다음과 같은 규

정이 나온다. "육신을 훈육하라. 감각적인 쾌락을 탐하지 마라. 단식을 사랑해라. 세상의 다망(多忙)으로부터 멀리하라. 술을 탐닉하지 마라. 음식을 탐닉하지 마라. 잠을 탐닉하지 마라. 게으르지 마라. 말을 많이 하는 것을 사랑하지 마라. 많이 웃거나 크게 웃는 것을 사랑하지 마라. 육체의 욕망을 충족시키지 마라." Hans-Werner Goetz, 같은 책, p103. 서구 중세에는 명민함과 지혜로움이라는 두 가지 정신적인 능력은 지적이고 관조적인 수도원 생활의 전유적인 특성으로 간주되었으며, 또한 그에 상응해 성직자가 달성할 수 있는 최상의 능력으로 간주되었다. "전자는 신의 명령의 의미와 우리의 선한 행위는 사심이 없어야 한다는 요구의 의미를 이해할 수 있기 때문에 그러하다. 후자는 오성이 인식한 것을 감칠맛 나게 만들고 달콤하게 만들기 때문에, 그리고 오성이 추구할만한 가치가 있다고 인식한 것을 오로지 순수하게 성실성을 사랑하는 마음에서 달성하고자 열망하도록 배려하기 때문에 그러하다. Giovanni Miccoli, "Die Mönche", in: Jacques Le Goff「Hrsg.」, Der Mensch des Mittelalters, Frankfurt am Main/New York: Campus, pp47~86.

13) Marie-Lousie ten Hoorn-van Nipsen, 같은 책, 63쪽.
14) 프리드리히 클렘, 이필렬 옮김,『기술의 역사, 미래사, 1992년, 54쪽.
15) Marie-Lousie ten Hoorn-van Nipsen, 같은 책, 64쪽.
16) Max Weber, "Agrarverhältnisse im Altertum" in: ders., Gesammelte Aufsätze zur Sozial- und Wirtschaftsgeschichte, Tübingen: Mohr 1988, pp1~288, 여기 따온 글은 p152.
17) 장 이브 고피, 같은 책, 67쪽.
18) 브라이언 타이어니·시드니 페인터, 같은 책, 282쪽.
19) 브라이언 타이어니·시드니 페인터, 같은 책, 439~444쪽.
20) Marie-Lousie ten Hoorn-van Nipsen, 같은 책, p71.
21) "고딕 성당은 중세인의 세계를 축소해 놓은 것이다. 성당의 조각과 채색 유리는 중세인의 생활을 그렸고, 그들의 신앙을 상징하였다. 고딕 성당의 균형은 궁극적으로는 고대 피타고라스학파에서 유래된 수학적 비례에 입각한 것이었

는데, 그런 수학적 비례는 우주에 내재하는 조화를 표현하고 있다고 여겼다. 그리고 중세인은 성당으로 상징된 우주 그 자체가 하나님의 창조물이라고 여겼다. 자연계는 하나님의 뜻이 구체화된 것이었다. 그리하여 자연의 피조물 전체는 신성한 진리의 상징이었다. 그러나 이 진리는 인간의 합리적 이성이 부분적으로 이해할 수는 있으나 결코 완전히 파악할 수는 없는 것이었다. 이성이 다한 곳에 신앙 – 또는 아름다움 – 에로 비약할 여지가 마련되었다." 브라이언 타이어니·시드니 페인터, 같은 책, 444쪽.

22) 그 밖에도 근대적인 국가 및 관료제, 합리적인 법률, 과학, 기술 등이 근대 자본주의가 발생하고 발전하는 데 기여했다. 이에 대한 자세한 논의는 다음을 참고할 것. 마르틴 하이데거, 이기상 옮김, 『기술의 전향』, 서광사, 1993년.

23) 브라이언 타이어니·시드니 페인터, 같은 책, 445쪽.

5장

1) 폴 포르, 주경철 옮김, 『르네상스』, 한길사, 1999년, 9쪽.
2) 폴 포르, 같은 책, 12쪽.
3) 폴 포르, 같은 책, 51, 54, 55, 59쪽.
4) 폴 포르, 같은 책, 속표지.
5) 게오르그 짐멜, 김덕영·윤미애 옮김, 「레오나르도 다빈치의 〈최후의 만찬〉」, 『짐멜의 모더니티 읽기』, 새물결, 2005년, 83~90쪽.
6) 레오나르도는 "연출자가 하듯 각자의 '연기'를 정했다. 그는 사도들의 이름을 기록했다. 그리고 '역할'을 분배하며 이렇게 구상한다. '포도주를 마시던 한 명은 잔을 내려놓고 말하는 사람 쪽으로 고개를 돌린다. 다른 한 명은 손가락을 깍지 낀 채 눈살을 찌푸리고 동료를 향해 몸을 돌린다. 또 다른 한 명은 손바닥이 보이게 양손을 벌리고 귀를 향해 어깨를 으쓱 올리며 놀라서 입을 벌린다. 다른 한 명은 자기를 향해 돌아앉은 옆 사람의 귀에 대고 이야기를 하는데 한 손에는 칼이, 다른 한 손에는 반쯤 잘린 빵 한 조각이 들려 있다' 등등. // 여기

에서 귀와 입이 가장 중요하다. 말은 '행동'을 부추기고 전달하는 반면에 손은 서로 나눈 이야기와 반응을 표현하고 강조한다. // 우리는 이처럼 이 작품에서 놀라움, 회의, 공포, 분노, 거부, 의혹을 '읽는다'. 누가 배반을 할까? 의심 많은 도마는 당연히 스승의 말을 의심한다. 빌립은 이 배반 행위가 일으킬 수 있는 결과를 예견하고 깜짝 놀라서 벌떡 일어선다. 바돌로매도 자리에서 뛰어 일어나 시몬에게 묻는다. 시몬은 아무것도 모른다는 표정이다. 어떤 제자들은 서로 묻고 흥분해 있다. 분개하면서 자신들의 신의와 무죄를 주장하기도 한다. 두 가지 인간의 물결이 주 예수가 이루는 이등변삼각형의 양쪽에서 흔들리며 수군거리면서 펼치는 듯하다. 예수의 고요함은 술렁거리는 회중과 뚜렷한 대조를 이룬다. 예수 옆에 앉아 예수의 자세와 반대되는 방향으로 예수를 반향하는, 예수가 총애하는 제자인 요한만이 눈을 감고 얼굴을 기울인 채 누가 말하듯 '이미 정해진 대로' 인간의 아들이 맞게 될 운명을 이해한 듯한 모습이다. // 레오나르도는 사도들을 세 명씩 네 무리로 나누었다. 그렇지만 한 제자만이 그의 동료들과 구분된다. 비록 그가 이곳의 일반적인 움직임에 들어가 있기는 해도(또는 들어간 체해도). 침울한 유다는 요한의 그늘 안에 있는데 그의 손은 거의 예수의 손과 맞닿아 있다. 조금 뒤에 이 둘은 함께 '접시에 손이' 들어갈 것이다. 예수가 말했듯이 이 손동작으로 배반자를 알게 되리라. // 콰트로첸토에는 관람객에게 유다를 분명히 알리기 위해 등을 돌렸거나 탁자의 반대편에 앉은 모습으로(시뇨렐리, 기를란다요, 안드레아 델 카스타뇨는 이처럼 했다) 표현하면서 유다에게서 광배를 제거하거나(유일하게), 따로 떨어지게 자리를 잡아 그를 고립시켰다. 게다가 이들은 열세 명의 인물이 같은 평면에 줄지어 앉아 있는 구도가 갖게 될 단조로움을 깨기 위해 가능한 모든 방법을 다 동원했다. // 레오나르도는 다시 한 번 관례를 깼다. 그는 이처럼 안이한 수단을 쓰지 않았다. 그는 그늘과 표현, 자세(유다는 뒤로 물러나는 동작을 취하고 안절부절못하며 은화 30데나리우스가 든 지갑을 가슴에 껴안는다)를 이용했다. 이것만으로도 한눈에 배반자를 가려내기 충분하다. 사실상 다 빈치는 성서 원문의 정신을 충실히 따라서 사실과 같게 보이려고 고심을 하면서도 얼마나 훌륭하게 관례를 깼던지, 이 관례는 더 이상 쓰이지 않게 되었다. 다 빈치 이후 자존심 있는 어떠한 화가도 성스러운 식탁의 넓이에 의해 유다를 그리스도와 사도들에게서 격리시키는 방법을 차마 계속해서 쓰지 못했다." 세르주 브람리, 염명순 옮김, 『르네상스의 거장 레오나르도 다빈치』, 한길아트, 1998년, 503~504쪽.
7) 야코프 부르크하르트, 이기숙 옮김, 『이탈리아 르네상스의 문화』, 한길사, 2003년, 249쪽.
8) 요슈타인 가아더, 장영은 옮김, 『소피의 세계2』, 현암사, 1994년, 58쪽.
9) 야코프 부르크하르트, 같은 책, 207~212쪽.
10) 프리드리히 클렘, 같은 책, 111~112쪽.
11) Michael Heidelberger & Sigrun Thissen, Natur und Erfahrung. Von der mittelalterlichen zur neuzeitlichen Naturwissenschaft, Reinbek bei Hamburg: Rowohlt 1981, pp52~53. 레오나르도 다빈치에게 인과적 사고는 준엄한 명령이었다. 그는 말하기를, "필연성은 자연의 지배자이자 후견인이다. 필연성은 자연의 근본사상이자 창시자이고 자연에 대한 고삐이며 영원한 규칙이다." 또한 "자연은 그 법칙을 깨지 않는다"라고 말한 바 있다. 다빈치는 기술적 아이디어를 자연과학적으로 근거지우려고 시도한 점에서 근대적이다. "우선 이론이 정립되고, 그 바탕 위에서 실천이 이루어져야 한다." "과학이 없이 실천에 반해버린 사람은 키도 없고 나침반도 없이 배를 운항하는 사람과도 같다. 이 배는 어디로 가는지 확신할 수 없다. 실천은 언제나 좋은 이론 위에 구축되어야 한다." Werner Sombart, Der moderne Kapitalismus. Bd I: Die vorkapitalistische Wirtschaft. Zweiter Halbband, Berlin: Duncker & Humblot 1969, p467.
12) 프리드리히 클렘, 같은 책, 97, 98, 104쪽; 존 캐리 편저, 이광렬 외 옮김, 『지식의 원전』, 바다출판사, 2004년, 36쪽; 세르주 브람리, 같은 책, 409쪽.
13) 세르주 브람리, 같은 책, 594쪽.
14) 세르주 브람리, 같은 책, 596쪽.

6장

1) 폴 포르, 주경철 옮김, 『르네상스』, 한길사, 1999년, 140~141쪽.
2) 올리비에 크리스텡, 채계병 옮김, 『종교개혁-루터와 칼뱅, 프로테스탄트의 탄생』, 시공사, 1998년, 29쪽.
3) 폴 포르, 같은 책, 143쪽.
4) 폴 포르, 같은 책, 141쪽.
5) S. 오즈맹, 박은구 옮김, 『프로테스탄티즘-혁명의 태동』, 혜안, 2004년, 387~418쪽.
6) 올리비에 크리스텡, 같은 책, 42쪽.
7) 폴 포르, 같은 책, 150쪽.
8) 올리비에 크리스텡, 같은 책, 48~49쪽.
9) S. 오즈맹, 같은 책, 274~275쪽.
10) Max Weber, Gesammelte Aufsätze zur Religionssoziobgie, Bd. 1, Tübingen Mohr 1973, p93.
11) 김덕영, 『주체・의미・문화-문화의 철학과 사회학』, 나남, 2001년, 125쪽.
12) Max Weber, 같은 책(1973), pp129, 164.

7장

1) 자크 엘루, 박광덕 옮김, 『기술의 역사』, 한울, 1996년, 67쪽.
2) 영국의 철학자 토마스 홉스(Thomas Hobbes 1588~1679)는 국가를 구약성서의 「욥기」(41장)에 나오는 크고 사나운 괴물인 '리바이어던(Leviathan)'에 비유하고 있다. 이 비유 속에는 국가는 모든 개인들과 사회집단들을 초월하는 절대권력을 소유한 존재라는 메시지가 담겨져 있다. 그래서 홉스는 절대군주제를 옹호한 철학자라는 오해를 하는 경우가 많다. 하지만 그의 국가철학은 실제로는 근대 개인주의에 기초하고 이를 지향하는 이론이다. 왜냐하면 국가의 절대

권력이란 자유로운 개인들이 계약을 맺어서 그를 각자의 권력보다 훨씬 더 큰 권력을 국가에 자발적으로 위임한 결과이기 때문이다. 그래야만 평화로운 질서가 유지되어 그들의 재산과 생명 및 행복한 삶이 보호를 받을 수가 있다. 국가가 존재하지 않는 자연상태에서 개인들은 '만인에 대한 만인의 투쟁'을 벌일 수밖에 없다. 이를 방지해줄 수 있는 가능성이 바로 모든 개인을 초월하는 국가의 절대권력, 곧 리바이어던인 것이다.

3) 자크 엘루, 같은 책, 69쪽.
4) 전형적인 청교도들은 인생이란 "의무만 가지고 있는 것이 아니라 즐거운 내용과 즐겨야 할 의무들도 있다고" 본다. "가정생활, 부부간의 사랑, 친구, 식탁의 즐거움, 사냥, 낚시, 이 모든 것들도 하나님으로부터 온 것으로, 하나님을 섬기는 일에 이용될 수 있었다. 여유가 없는 우울함이나 병적인 자기학대보다는 인생의 목적에 대한 성실한 마음가짐과 모든 일에의 절제(절도)가 훨씬 더 전형적인 청교도적 태도에 가깝다." 김기련, 『종교개혁사』, 목원대학교출판부, 2004년, 288쪽.
5) 자크 엘루, 같은 책, 72쪽.

8장

1) 앙드레 모로아, 신용석 옮김, 『미국사』, 기린원 1993년, 393, 414쪽.
2) 앙드레 모로아, 같은 책, 395쪽.
3) 앙드레 모로아, 같은 책, 150쪽.
4) 막스 베버, 박성수 옮김, 『프로테스탄티즘의 윤리와 자본주의 정신』, 문예출판사, 1988년, 34~36쪽.
5) 앙드레 모로아, 같은 책, 473쪽.
6) "토지와 기타 자원이 풍부하다는 점은 이 신생국에게 축복이었지만, 거대한 대륙적 지리와 특히 긴 강은 잉글랜드 및 네덜란드와 비교했을 때 경제적 번영에 전적으로 유리한 것만은 아니었다. 처음부터 미국은 잉글랜드로부터 세계에서

가장 훌륭한 제도라는 훨씬 더 가치 있는 것을 전수받았다. 미국은 자유와 상업을 고무하는 제도는 기꺼이 받아들였고 그렇지 않은 것은 폐기했으며, 일부는 자신만의 것으로 새롭게 창조했다. 유일한 결점은 노예제도였다. 이 제도 때문에 미국은 파괴적인 내전을 겪어야 했고, 세계의 국가들 중에서 지배적인 위치를 차지하는 데에도 훨씬 뒤늦을 수밖에 없었다." 윌리엄 번스타인, 김현구 옮김, 『부의 탄생』, 시아출판사, 2005년, 333쪽.

7) 자크 엘루, 박광덕 옮김, 『기술의 역사』, 한울, 1996년, 74쪽; 프리드리히 클렘, 이필렬 옮김, 『기술의 역사』, 미래사, 1992년, 234쪽.

9장

1) 오진곤 편저, 『화학의 역사』, 전파과학사, 1993년, 83쪽.
2) 사실 생물학은 이미 17세기 초반에 일대 혁명적인 발견을 하게 된다. 1618년경 영국의 의사인 윌리엄 하비(William Harvey 1578~1657)는 혈액순환설을 발표했다. 하비는 갈릴레이의 계량적 실험방법을 생물학에 도입하여 여러 가지 측정도구를 이용해 정량적인 실험을 했다. 이것은 그 동안 서구를 지배해오던 갈레노스의 이론을 완전히 전복시키는 쾌거였다. 하지만 하비는 여러 가지 측면에서 과학혁명기의 사람이라기보다는 아직 아리스토텔레스의 세계에 속하는 사람이었다. 그는 자연에 대한 아리스토텔레스의 개념을 거부하지 않았고, 오히려 곳곳에서 그의 방법론을 찬양하고 있다. 그의 혁명적인 발견은 고대의 연구를 부흥시키려고 노력하는 과정에서 얻은 결과였다. 따라서 하비의 혈액순환설은 우리의 논의에서 제외시키기로 한다. 이 주제에 대해서는 다음을 볼 것. 앤드류 그레고리, 박은주 옮김, 『과학혁명과 바로크 문화』, 몸과 마음, 2001년.
3) 이에 대한 자세한 내용은 다음을 참조할 것. Edgar Zilsel, Die sozialen Ursprünge der neuzeitlichen Wissenschaften, Ftankfurt am Main: Suhrkamp 1976.
4) 데이바 소벨, 홍현숙 옮김, 『갈릴레오의 딸-4백 년의 시공을 넘어 찾아낸 과학

과 신앙과 사랑의 역사』, 생각의 나무, 2001년, 101, 102, 107쪽.
5) 데이바 소벨, 같은 책, 107, 109, 110쪽.
6) 프랜시스 베이컨, 김종갑 옮김, 『새로운 아틀란티스』, 에코리브르, 2002년, 31, 50, 72쪽.
7) 다음의 인용문을 보면 베이컨이 과학자와 기술자에 대해 어느 정도의 사회적 지위와 의미를 부여했는가를 짐작할 수 있다. "드디어 솔로몬 학술원 회원이 행차하는 날이 되었다. 그는 중키에 중년의 의젓한 남자로, 백성들을 측은히 여기고 동정하는 듯한 태도가 몸에서 절로 배어나왔다. 그는 소매가 넓고 어깨 망토가 있는 검은 웃옷을 입고 있었다. 그리고 발목까지 내려오는 흰 리넨 속옷에는 같은 재료의 띠로 둘러져 있었으며 목둘레에도 그러한 띠가 둘러져 있었다. 그는 보석이 박힘 진귀한 장갑을 끼고 있었으며 신발은 복숭앗빛 우단이었다. 목과 어깨에는 아무것도 걸치지 않았으며 머리에는 헬멧과 비슷한 모자를 쓰고 있었다. 모자 밑으로는 갈색 머리카락이 부드럽게 물결치고, 둥글게 자란 턱수염은 옅은 갈색이었다. 푸른 우단으로 장식한 두 필의 말이 그의 화려한 전차를 끌고 있었다. 그 옆으로는 말에게 입힌 옷과 비슷한 차림의 하인 두 명이 걷고 있었다. 금박이 입혀진 삼목의 전차는 크리스털로 장식되어 있는데, 다만 전차의 상단과 하단은 각각 금테두리가 둘러진 사파이어 판벽과 에메랄드 판벽이었다. 황금의 태양이 빛나는 전차의 꼭대기 앞부분에는 날개를 펼친 황금의 천사가 서 있었다. 전차는 파란 바탕에 황금 수가 놓인 천으로 덮여 있었다. 솔로몬 학술원 회원의 앞으로는 쉰 명의 젊은 남자 시종들이 행진하고 있었다. 이들은 무릎까지 내려오는 하얀 옷에 하얀색 명주 긴 양말과 파란 우단 신발을 신었으며, 여러 색깔의 깃털 장식이 달린 파란 우단 모자를 쓰고 있었다. 전차의 앞으로는 발까지 내려오는 리넨 의상에 파란 우단 신발을 신은 두 남자가 맨머리로 행진하고 있었는데, 한 명은 손에 권장(權杖)을 다른 한 명은 목동의 지팡이를 들고 있었다. 권장의 재료는 서양 박하나무고 지팡이의 재료는 삼목이었다. 전차의 앞이든 뒤든 기마병은 없었다. 아마도 번잡스러움을 피하기 위해서인 듯싶다. 이 도시의 주요한 관리와 중요 인사들이 모두 전차의 뒤를 따르고 있었는

데, 학술원 회원은 화려한 파란색 플러시천 방석 위에 혼자 앉아 있었다. 그의 발밑으로는 페르시아산 양탄자보다 더욱 다채롭고 진귀한 비단 양탄자가 깔려 있었다. 그는 마치 축복이라도 하는 듯이 백성들에게 조용히 손을 들어주었다. 길가에 늘어선 사람들은 정연한 모습을 보여주었다. 전투를 앞두고 포진한 군인들도 그들보다 더욱 질서정연한 대열을 갖출 수는 없을 정도였다. 마찬가지로 진열창에서 행진을 지켜보는 사람들도 정돈된 모습이었다." 프랜시스 베이컨, 같은 책, 68~70쪽.
8) 프랜시스 베이컨, 같은 책, 50~51쪽.
9) 르네 데카르트, 김진욱 옮김, 『방법서설』, 범우사, 2002년, 63~64쪽.
10) 마거릿 버트하임, 박인찬 옮김, 『공간의 역사–단테에서 사이버스페이스까지 그 심원한 공간의 문화사』, 생각의 나무, 2002년, 192~193쪽.
11) 아이작 뉴턴, 조경철 옮김, 『프린키피아』, 서해문집, 1999년, 1069~1070쪽.
12) 아이작 뉴턴, 같은 책, 1068쪽.
13) 아이작 뉴턴, 같은 책, 1072쪽.
14) 윌리엄 L. 랭어. 박상익, 『뉴턴에서 조지 오웰까지』, 푸른역사, 2004년, 43쪽.
15) 아이작 뉴턴, 같은 책, 1070쪽.
16) 윌리엄 L. 랭어, 같은 책, 42쪽.

10장

1) 로버트 머튼, 석현호 외 옮김, 『과학사회학』, 민음사, 1998년, 456쪽.
2) 오진곤 편저, 『화학의 역사』, 전파과학사, 1993년, 91쪽.
3) 오진곤, 같은 책, 91쪽.
4) 로버트 머튼, 같은 책, 444쪽.
5) 프리드리히 클렘, 이필렬 옮김, 『기술의 역사』, 미래사, 1992년, 148쪽.
6) 로버트 머튼, 같은 책, 450쪽.
7) 로버트 머튼, 같은 책, 451쪽.

8) 로버트 머튼, 같은 책, 455쪽.
9) Max Weber, Gesammelte Aufsätze zur Wissenschaftslehre, Tübingen: Mohr 1982, p604.
10) Max Weber, 같은 책(1982), p612.

11장

1) 릴리안 R. 퍼스트, 이상옥 옮김, 『낭만주의』, 서울대학교출판부, 1983년, 27쪽.
2) 요슈타인 가아더, 장영은, 『소피의 세계2』, 현암사, 1994년, 223쪽.
3) L. 골드만, 문학과사회연구소 옮김, 『계몽주의의 철학』, 청하 1983년, 11쪽.
4) 마들렌 피노, 이은주 옮김, 『백과전서』, 한길사, 1999년, 86쪽.
5) 마들렌 피노, 같은 책, 62~64쪽.
6) L. 골드만, 같은 책, 10쪽.
7) 마들렌 피노, 같은 책, 18쪽.
8) 김수용, 『괴테 파우스트 휴머니즘-신이 떠난 자리에 인간이 서다』, 책세상, 2004년, 42, 43쪽.

12장

1) "이념이 아니라 이해관계 (물질적인 것과 정신적인 것)가 인간의 행위를 직접적으로 지배한다. 하지만 '이념'에 의해서 창출된 '세계관'이 매우 자주 전철수(轉轍手)로서 인간의 이해관계라는 동력이 앞으로 나아가는 선로를 결정한다. 세계관에 따라서 '어떠한 상태로부터' 그리고 '어떠한 상태로' 인간이 '구원' 받고자 하며 - 그리고 잊지 말 것은 - 받을 수 있는가에 대한 지향성이 결정된다." Max Weber, Gesammelte Aufsätze zur Religionssoziobgie, Bd. 1, Tübingen Mohr 1973, p252.
2) Max Weber, 같은 책(1973), p10.

3) Max Weber, Gesammelte Aufsätze zur Wissenschaftslehre, Tübingen Mohr 1982, p507.
4) Max Weber, 같은 책(1982), pp507~508.
5) Max Weber, 같은 책(1982), p605.
6) Wolfgang Schluchter, Unversöhnte Moderne, Frankfurt am Main: Suhrkamp 1996, pp225.
7) Max Weber, 앞의 책(1982), 507-508쪽.
8) 베른트 슈, 이온화 옮김, 『클라시커50발명-주먹도끼에서 인터넷까지』, 해냄, 2004년, 208쪽.
9) 어니스트 볼크먼, 석기용 옮김, 『전쟁과 과학 그 야합의 역사』, 이마고, 2003년, 301~304쪽.
10) 울리히 벡, 홍성태 옮김, 『위험사회-새로운 근대(성)를 향하여』, 새물결, 1997년, 55쪽.
11) 울리히 벡, 같은 책, 57~59쪽.
12) 울리히 벡, 같은 책, 19쪽.
13) 울리히 벡, 같은 책, 57쪽.
14) 2005년 4월 27일, 환경단체 녹색연합은 국내에서 갑상선암 발병이 급증하는 주요인은 1986년의 체르노빌 원자력 발전소 폭발사고 직후 한반도까지 이동한 방사능 낙진이라는 주장을 제기했다. 녹색연합에 의하면, 국내 여성 갑상선암 발병률은 2002년 기준 10만 명당 15.7명으로 체르노빌 원전 주변국인 벨로루시(10만 명당 16.2명)를 제외하면 세계 최고수준이다. 사고 이전에는 미국 여성이 10만 명당 11명으로 전 세계에서 가장 높았다. 녹색연합에 따르면, 이처럼 갑상선암 발병률이 급증한 것은 원전 사고 이후 한반도 상공도 방사능 낙진이 덮였기 때문이다. 이에 대한 근거로 20~30대 젊은 여성 암환자 가운데 갑상선암이 차지하는 비중이 증가한 현상을 제시했다. 1988년 20~24세 여성 암환자 가운데 갑상선암 환자는 20%를 조금 넘었으나, 2002년에는 30%를 넘어섰다고 한다. 녹색연합은 설명하기를, 방사선 요드에 노출되면 감

상선의 경우 15~29년의 잠복기를 지나 발병할 수 있다는 사실이 일본 히로시마와 나가사키의 원폭 피해자들의 사례에서도 입증되었다. 『국민일보』, 2005년 4월 27일.
15) 제레미 리프킨, 전영택·전병기 옮김, 『바이오테크 시대』, 민음사, 1999년, 13쪽.
16) 제레미 리프킨, 같은 책, 13쪽. 다음의 연구를 참조할 것. 박병상, 『파우스트의 선택-생명공학의 위험과 비윤리성』, 녹색평론사, 2004년.
17) 울리히 벡, 같은 책, 69쪽.
18) 미국의 사회학자 다니엘 벨(Daniel Bell 1919~)은 어느 강연에서 다음과 같이 말했다. 우리에게 중요한 점은 "기술이란 그 자체가 하나의 도구라는 점입니다. 기술은 일을 하기 위한 수단이지 기술 그 자체만으로는 최종적인 결과에 대한 결정을 내릴 수 없습니다. 그러나 사람들은 기술의 개념을 잘못 사용하고 있습니다. 사람들은 기술을 소위 인격화시키고 있다는 점입니다. // 사람들은 기술을 생명이 있는 물체로 보고 있으나, 기술은 생명을 가진 것도 물체도 아닌 하나의 도구일 뿐이며, 어떤 도구나 마찬가지로 좋은 일에나, 나쁜 일에나, 집중적으로나, 분산적으로나, 모두 사용할 수 있는 것입니다. 기술은 실제로 지식을 조직화시키거나 또는 지식을 억제하는 데 사용할 수 있으므로, 기술 자체는 도구일 뿐인 것입니다." 다니엘 벨, 『제3의 기술혁명-그에 따른 사회·경제적 변화』, 한국전기통신공사출판부, 1991년, 69쪽.
나치 독일에 의한 인간의 대량학살은 기술이 추구하는 목적에 상관없이 - 그것이 옳든 그르든, 긍정적이든 부정적이든, 선하든 악하든, 또는 바람직하든 바람직하지 않든 전혀 관계없이 - 오로지 도구로서의 유용성과 효율성만이, 곧 기술의 도구적 합리성만이 문제시되는 경우를 극단적으로 보여준다.
나치가 저지른 인간 대량학살은 근대적 국가와 관료조직, 고도로 발달한 과학기술, 독가스, 공장 및 철도와 같은 효율적인 수단이 없었다면, 불가능했을 것이다.
첫째, 수많은 수용소가 오랜 기간 존재하면서 광범위한 인간집단과 엄청나게 많은 사람들을 다양한 방법으로 추적, 체포, 분류하고 수송하며 관리하고 처형하며 파괴할 수 있었던 사실은 고도로 발달된 국가의 조직과 관료 및 행정체계가 아니면 사실 상상할 수 없는 일이다. 둘째, 어떻게 하면 수많은 사람들을 짧은 시간 내에 효과적으로 살해하고 처리할 수 있는가에 대한 과학적인 연구가 이루어졌다. 셋째, 우리가 익히 들어서 알고 있는 가스실에서 살육하고 소각로에서 태워버리는 일련의 과정이 근대적인 공장에서나 관찰할 수 있는 자동화 과정에 의해서, 다시 말해 컨베이어 시스템에 의해서 이루어졌다. 넷째, 전국적으로 발달한 철도망의 덕분에 유럽 전역에서 수많은 사람들을 수용소로 수송할 수 있었다.

순전히 기술적인 측면에서 보면, 죽음을 대량으로 생산하는 나치 독일의 수용소는 근대 공장체계의 연장선상에 서 있다. "원자재는 인간이고, 최종제품은 죽음이며, 공장장의 생산현황표에는 어마어마한 양의 1일 작업량이 조심스럽게 표시되어 있었다. 현대 공장체계의 상징 그 자체인 굴뚝은 인간의 살을 태울 때 생긴 역한 연기를 내뿜었다. 현대 유럽의 잘 조직된 철도망은 새로운 원자재를 공장으로 실어왔다. 다른 화물도 마찬가지였다. …… 기술자들은 시체소각장을 설계했고, 관리자들은 짜릿한 자극과 효율성으로 움직이는 관리조직을 기획했다. 우리가 목격한 것은 거대한 사회공학 도식 바로 그것이다." 조지 리처, 김종덕 옮김, 『맥도날드 그리고 맥도날드화―유토피아인가, 디스토피아인가?』, 시유시, 2004년, 68~69쪽. 공장은 산업혁명 이후 기계와 더불어 근대 산업과 기술을 결정적으로 규정짓는 요소이다. 나치 독일의 수용소라는 근대적 공장은 생산품목이라는 단 한 가지 측면에서 다른 근대적 공장들과 구분된다. 그것은 죽음이다. 그래서 죽음의 공장 또는 살육의 공장이라고 부른다. 이에 대한 자세한 논의는 Wolfgang Sofsky, Die Ordnung des Terrors: Das Konzentrationslager, Frankfurt am Main: Campus 1999을 볼 것.

인간의 대량학살을 수행하는 나치 독일의 입장에서 관건이 되는 것은 최단기간에 얼마나 많은 사람을 죽일 수 있는가의 문제이다. 오로지 기술만이 문제가 되고, 계산 가능성만이 문제가 될 뿐이다. 거기서 삶의 질은 전혀 고려되지 않았다. 심지어 죽음의 질도 전혀 고려될 수 없었다. 그 결과, 나치의 인간 대학살은 "모든 전근대적인 방식의 학살들을 상대적으로 원시적이고 낭비적이고 비효율적인 것으로 보이게 만들었다." 조지 리처, 같은 책, 68쪽.

19) Max Weber, 같은 책(1982), p151. 베버는 원래 기술이 아니라 역사학, 경제학, 정치학, 사회학 등과 같은 경험과학과 관련해서 이와 같은 입장을 개진했다. 하지만 베버의 논리와 표현은 비단 경험과학뿐만이 아니라 기술에도 그대로 적용된다 - 경험과학의 가치중립성 그리고 기술의 가치중립성. 왜냐하면 두 가지 모두 당위의 문제가 아니라 존재의 문제이기 때문이다.

20) 이와 같이 기술과 사회 사이에는 이중적 관계, 곧 기술의 가치중립성과 가치연관성의 관계가 동시에 성립하는 고로 기술의 중립성에 대해 이야기할 수 없다고 주장하는 사람도 있다. "사회와 그 기술과의 관계가 지니는 의미를 따지고 둘의 관계를 해석을 하는 것이 문제가 되는 경우에는 ……, 더 이상 중립성에 대해서 이야기할 수 없다. 어떻게 한 사회가 구축한 세상의 해석들, '지향성들' 그리고 '가치들'을 그 사회의 목적에 봉사하는 행위로부터 분리할 수 있겠는가? 어떻게 사회가 세상에 부과하는 조직을 그것의 일차적인 구현, 다시 말해 이 행위를(조직을) 규정에 맞게 수행하는 데 이용되는 도구로부터 분리할 수 있겠는가? 우리는 확실히 둘 사이의 상호관계를 단순한 또는 복잡한 인과적 종속관계로 생각할 수 없다. 하지만 - 서로 다르지만 또한 동시에 서로 연결되어 있는 - 이 두 차원 모두가 한 주어진 사회의 창조와 자기정립의 표현이다. 사회의 전체조직에서 목적과 수단, 의미와 도구, 유용성과 가치는 고전적인 개념화 방법에 의해서는 더 이상 분리할 수 없다. 모든 사회는 자신의 내적 세계와 외적 세계를 창조하는데, 이 과정에서 기술은 단순히 도구적인 역할도 단순히 인과적인 역할도 수행하지 않는다. 기술은 사회의 여러 차원들 가운데 하나이다. 또는, 더 나은 위상학적 은유를 사용하자면, 기술은 사회의 '응축된' 단면이다. 기술은 사회가 실제적/합리적으로 간주되는 것을 구성하는 곳에는 어디든지 현존한다."(Cornelius Castoriadis, Durchs Labyrinth. Seele, Vernunft, Gesellschaft, Frankfurt am Main: Europäische Verlagsanstalt 1981, p207).